기초부터 실전까지, 차곡차곡 알짜배기

기보법

Music Notation for Beginner

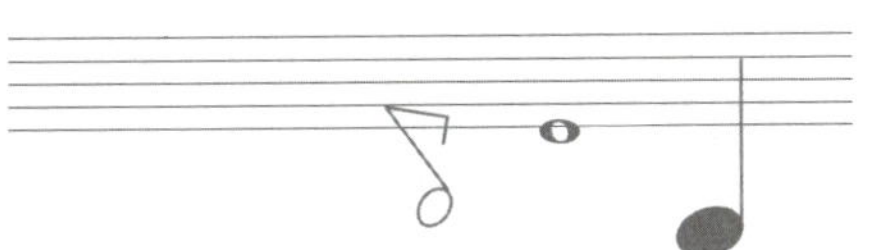

10년 이상 실용음악을 전공하거나 취미로 공부하는 학생들을 가르치면서 악보를 그리거나 사보를 해야할 때 어려움을 겪는 학생들을 많이 봐왔습니다.

이미 완성되어 있는 악보를 보고 연주하거나 부를 수는 있지만 본인이 직접 악보를 그려야 할 때 잘못된 지식으로 인지되어 있는 부분들이 있거나 아예 손을 대지 못하는 학생들도 많이 있었습니다.

하여 '악보를 그릴 때 약속되어 있는 규칙들을 알려주고, 스스로 악보를 만들 수 있도록 도움을 주는 책을 집필하고 싶다' 라는 동기부여가 생겼고, 이 책을 출간하게 되었습니다. 이 책은 각 주마다 아주 기초적인 내용부터 악보를 그리는 과정과 지켜야 될 규칙들을 체계적으로 설명해놓았고 연습문제를 통해 공부한 내용을 다시 한번 점검하며 정확하게 이해하고 넘어갈 수 있도록 구성하였습니다.

이 책이 기악파트, 작곡파트, 보컬파트를 포함한 실용음악을 공부하는 모든 학생들에게 개인 연습곡을 카피할 때 또는 앙상블(합주) 곡을 카피할 때 서로 각기 다른 파트여도 서로의 악보를 보면서 이해할 수 있는 리드 시트를 직접 만드는 데 도움을 주는 책으로 활용된다면 저자로서 큰 보람을 느낄 것 같습니다.

또한 이 책은 15주차로 구성되어 있어 예술고등학교와 대학교에서도 활용하기에 적합한 강의 교재가 될 수 있을 것입니다.

인생에서 첫 책을 집필하며 출간까지 오랜 기간이 걸렸음에도 불구하고 끊임없이 응원해 주시고 기다려주신 모두의음악 대표님과 부대표님께 감사드립니다. 이 책이 나올 수 있도록 지혜를 주시고 길을 열어주신 하나님께 모든 영광 올려드립니다.

저자 황진하

contents

1주차　음자리표 Clef

1　오선 Staff

다섯 줄로 이루어져 있고 4칸으로 구성되어 있습니다.
줄의 순서와 칸의 순서는 밑에서부터 번호를 매깁니다.

2　덧줄

오선과 네 칸 안에 들어갈 수 있는 음은 한정적이기 때문에 그보다 위, 아래의 음들을 나타내고 싶을 때, 임의적으로 덧줄을 그어 표기합니다. 덧줄을 그릴 때 주의사항은 ① 오선의 간격과 같아야 하며 너무 가깝거나 너무 멀면 가독성이 좋지 않기 때문에 지양합니다. ② 덧줄의 길이는 음표 머리보다 너무 길거나 짧아서는 안되며 음의 머리를 기준으로 양쪽 1/2씩 공간을 주는 것이 가장 적합합니다.
③ 덧줄은 덧줄마다 같은 높이로 맞춰 그려주어야 연주자가 헷갈리지 않습니다.

3　높은음자리표
G clef(Treble clef)

높은음자리표를 그리는 순서입니다. 높은음자리표는 두 번째 줄 '솔' 위치에서 시작되기 때문에 'G clef' 라고도 부릅니다. 높은음자리표를 기준으로 아래 덧줄 하나에 걸친 음이 '가운데 도(middle C)'입니다. 이 음을 기준으로
줄, 칸, 줄, 칸에 따라 한음씩 올라가고 내려가게 됩니다.

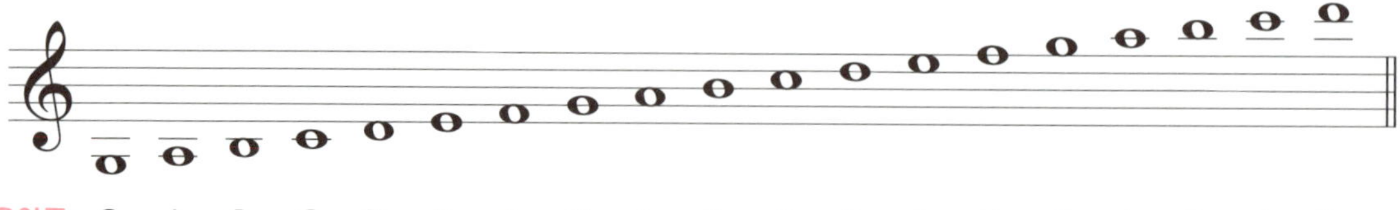

4 낮은음자리표
F clef

낮은음자리표를 그리는 순서입니다. 낮은음자리표는 네 번째 줄 '파' 위치에서 시작하기 때문에 'F Clef' 라고도 부릅니다. 낮은음자리표는 위의 덧줄 하나에 걸쳐진 음이 '가운데 도' 입니다.

5 퍼커션음자리표 Percussion Clef

퍼커션음자리표는 보통 드럼악보에서 사용합니다.

① 굵은 두 줄을 2, 3번 칸의 길이만큼 그려주는 방식

② 한 줄은 1~4번 칸 안에 꽉 채워 그리고 나머지 한 줄은 2, 3번 칸에 맞추어 그려주는 방식이 있습니다.

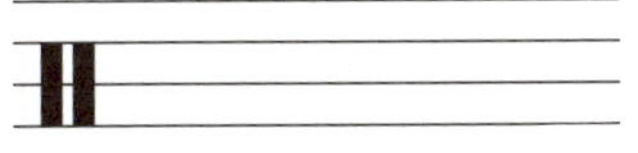

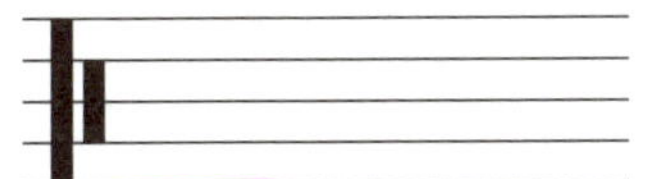

6 가온음자리표 C clef

가온음자리표는 보통 현악기나 오케스트라 총보에 사용합니다. 이 음자리표를 사용하게 되면 가운데 쏙 들어간 부분이 '가운데 도'가 되게 됩니다. 가운데 지점이 'C(도)'이기 때문에 "C clef'라고도 합니다. 성부에 따라 총 5개로 나뉘는데 악기에서는 '알토표'와 '테너표'만 사용합니다.

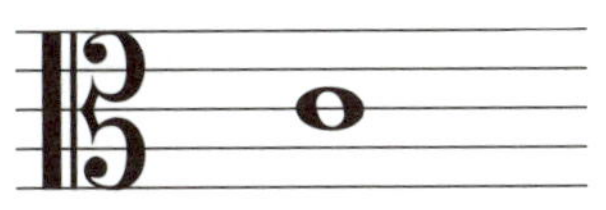

알토음자리표(Alto Clef)

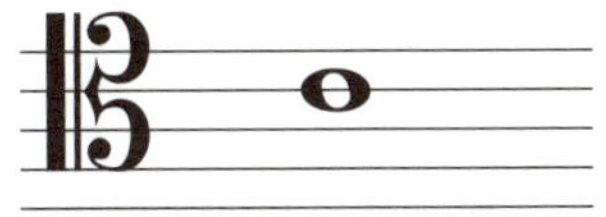

테너음자리표(Tenor Clef)

7 작은 보표와 큰 보표 Short Staff & Grand(Great) Staff

한 성부나 하나의 악기를 위해 하나의 오선으로 이루어진 보표로 각 줄 첫 마디의 음자리표는 마디줄로 막지 않습니다.

높은음자리표와 낮은음자리표 두 개의 보표를 중괄호를 사용하여 하나로 묶은 보표로 'Great Staff' 또는 'Grand Staff'라고도 합니다.

1) 아래의 예제를 똑같이 그리고 음이름을 아래에 써보세요.

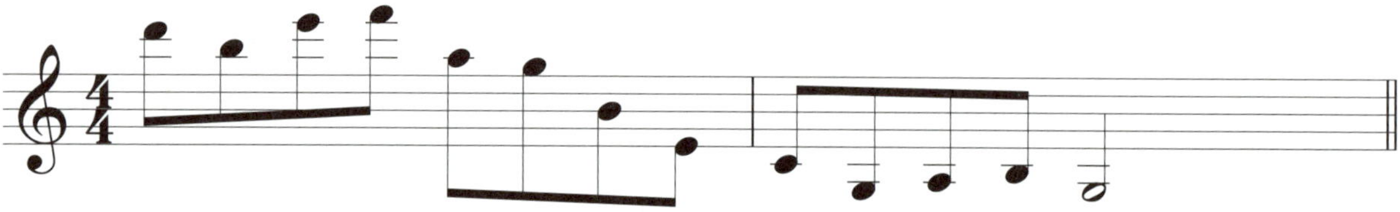

①

②

③

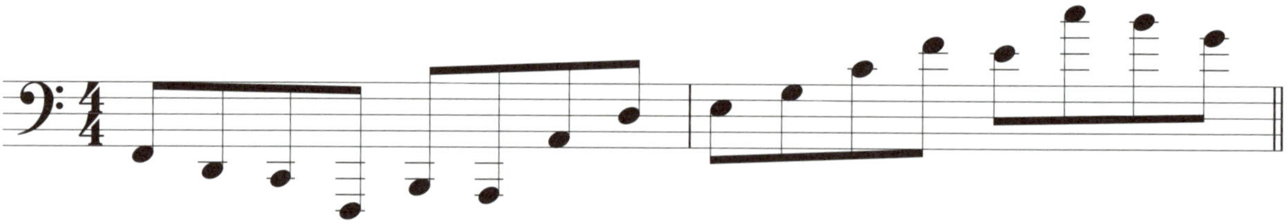

④

⑤

⑥

2) 오선 위에 '높은음자리표'를 5번 그려보세요.

3) 오선 위에 '낮은음자리표'를 5번 그려보세요.

4) 오선 위에 '퍼커션음자리표'를 5번 그려보세요.

5) 오선 위에 '가온음자리표' 중 'Alto Clef'를 5번 그려보세요.

6) 오선 위에 '가온음자리표'중 'Tenor Clef'를 5번 그려보세요.

7) 오선 위에 '큰 보표'를 5번 그려보세요.

2주차 · 리듬 Rhythm

1 음표 머리 Notehead

음표 머리는 닫혀있는 것과 열려있는 것으로 나뉘며 타원형으로 그립니다. 또한 칸 안에 딱 맞게 그려주거나 줄과 줄 사이를 칸의 넓이만큼 정확히 측정하여 그립니다.

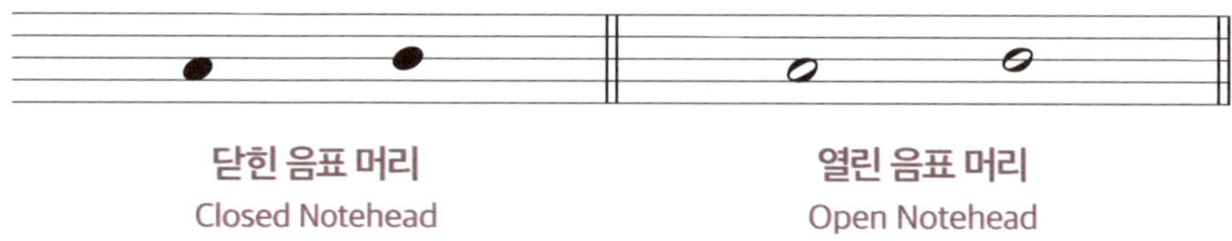

2 음표 기둥 Stem

기둥의 방향은 오선의 세 번째 줄을 기준으로 아래 위치한 음에는 음표 머리의 오른쪽 위로, 위에 위치한 음에는 왼쪽 아래로 그려줍니다.

기둥의 길이는 음으로부터 한 옥타브 아래 지점의 음이나, 한 옥타브 위의 지점의 음까지 기둥을 그려줍니다. 위, 아래로 덧줄 두 개 이상의 음부터는 3번째 줄까지 기둥의 길이를 그려줍니다.

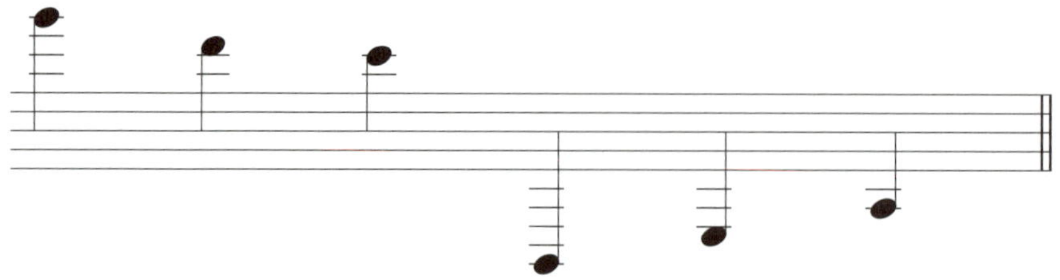

3 쉼표 Rest

모든 음표는 그 음의 길이에 맞는 쉼표를 갖고 있습니다.

4 퍼커션의 리듬과 머리를 표기하는 법

퍼커션의 머리는 슬래시(Slash)로 나타내며 2분음표 이상일 때는 마름모꼴로 그려줍니다. 퍼커션의 리듬은 앞에서 배운 음이 있는 악기들의 리듬표기와 동일합니다.

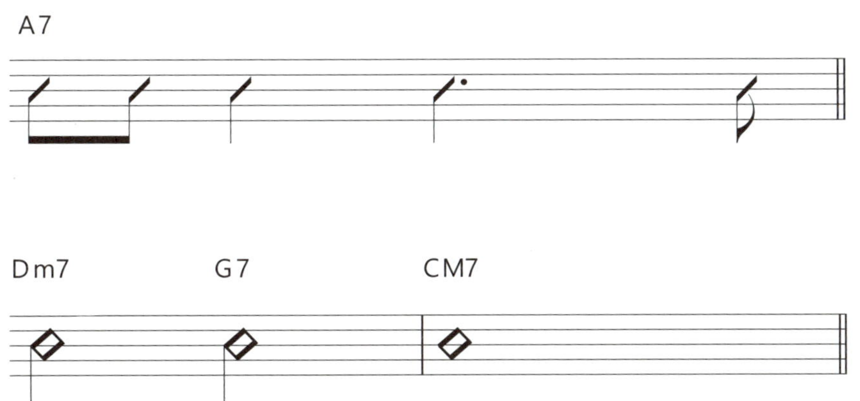

1) 'Closed Notehead(닫힌 음표 머리)'를 오선 안에 5번 그려보세요(음 선택 자유).

2) 'Open Notehead(열린 음표 머리)'를 오선 안에 5번 그려보세요(음 선택 자유).

3) 주어진 음에 맞는 기둥을 '방향'과 '길이'를 지켜서 그려보세요.

4) '4분쉼표'를 5번 그려보세요.

5) '2분쉼표'를 5번 그려보세요.

6) '온쉼표'를 5번 그려보세요.

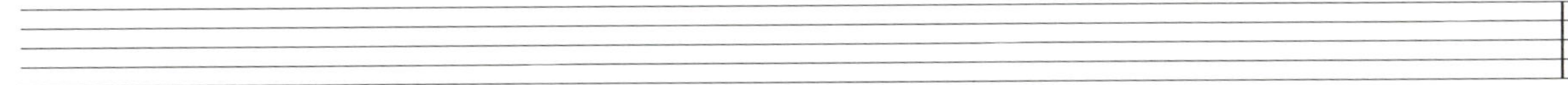

7) 주어진 악보를 옆 비어있는 마디에 '퍼커션 리듬'과 '머리'로 그려보세요.

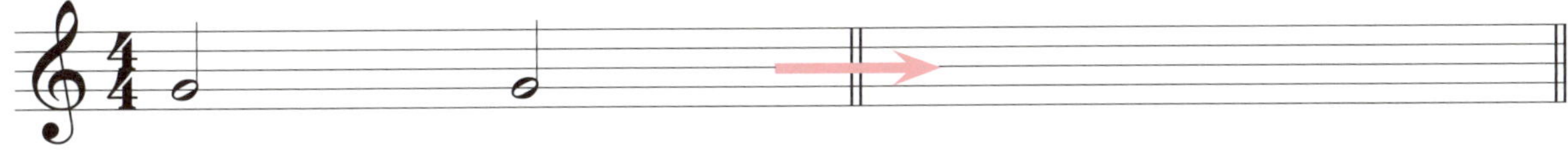

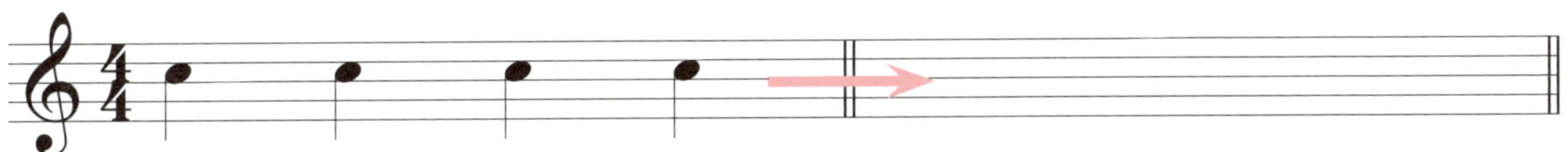

1. 임시표 Accidentals

음을 임시로 변화시킬 때 음표 앞에 직접 기보하여 사용하는 표로 모든 임시표는 음표에서 너무 멀리 떨어지지 않게 그려줍니다.

① 플랫(내림표, Flats)

: 음을 반음 내려줍니다.

② 샵(올림표, Sharps)

: 음을 반음 올려줍니다.

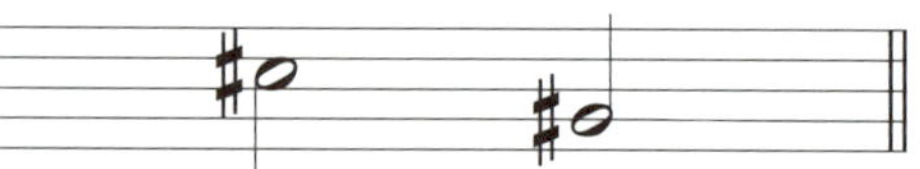

③ 내추럴(제자리표, Naturals)

: ♯또는 ♭했던 음을 제자리로 돌려줍니다.

④ 더블플랫(겹내림표, Double Flats)

: ♭♭ 두개가 붙어서 표기되어야 합니다. 음을 한음 내려줍니다.

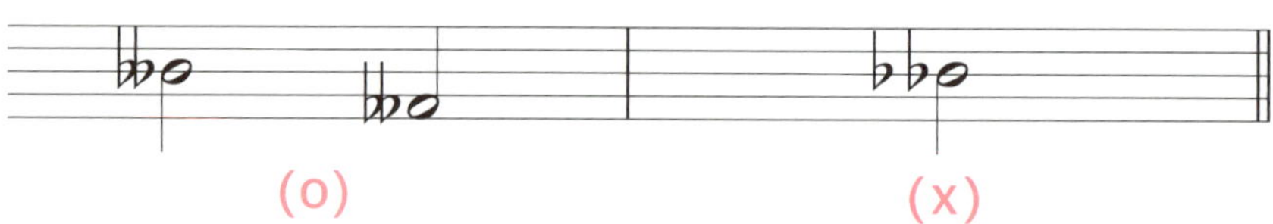

⑤ 더블샵(겹올림표, Double Sharps)

: 너무 크게 그려서 다른 위치를 침범하지 않도록 줄이나 칸 안에 딱 맞게 표기해줍니다. 음을 한음(온음) 올려줍니다.

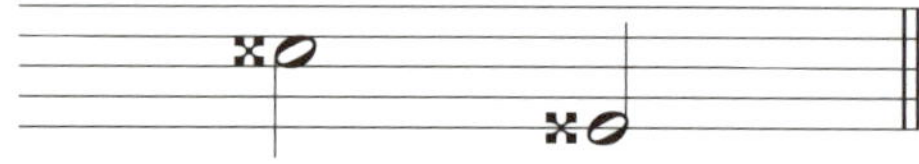

2 조표 Key signature

한 조표당 하나의 메이저 키와 단3도 아래의 마이너 키를 나타낼 수 있습니다.
샾이 붙는 순서는 '파–도–솔–레–라–미–시' 플랫이 붙는 순서는 반대로 '시–미–
라–레–솔–도–파'입니다. 샾이 붙은 메이저 키를 찾으려면 마지막 붙은 샾에서 반
음 위가 으뜸음이 됩니다. 플랫이 붙은 메이저 키를 찾으려면 마지막 붙은 플랫을
제외하고 3음 아래음이 으뜸음이 됩니다.

3 전조 Modulation

전조 시 바뀌는 조표는 마디줄 뒤에 표기해줍니다. 조표가 바뀔 때 마디줄은 세로
줄이나 겹세로줄을 사용합니다.

1) 아래에 주어진 임시표를 그려보세요.

① 플랫　　　　② 샵　　　　③ 내추럴　　　　④ 더블플랫　　　　⑤ 더블샵

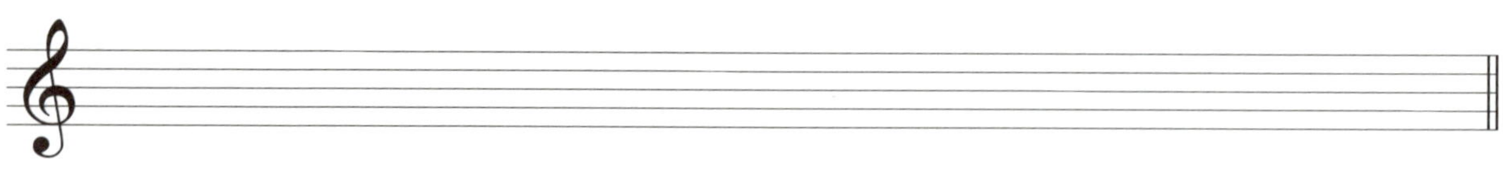

2) 아래 오선 위에 '샵'이 붙는 순서대로 그려보세요.

3) 아래 오선 위에 '플랫'이 붙는 순서대로 그려보세요.

4) 전조 시 바뀌는 조표 표기가 맞는 것에 'O', 틀린 것에 'X'하세요.

(   )   (   )

1 오선 위의 세 가지 지점

오선의 위쪽, 아래쪽, 오선의 안에는 다양한 정보를 표기할 수 있습니다.

예를 들면 ① 템포(Tempo) ② 악상(Dynamics) ③ 잇단음표(Tuplets) ④ 리허설 마크 (Rehearsal Marks) ⑤ 악기 교체 등을 표기할 수 있습니다.

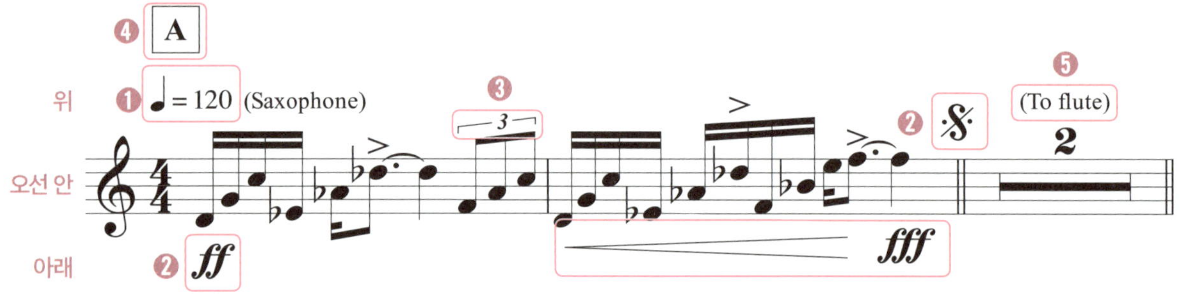

2 세로줄 Barlines

마디를 나누어 줄 때는 세로줄을 사용하는데 총 3가지 종류가 있습니다.

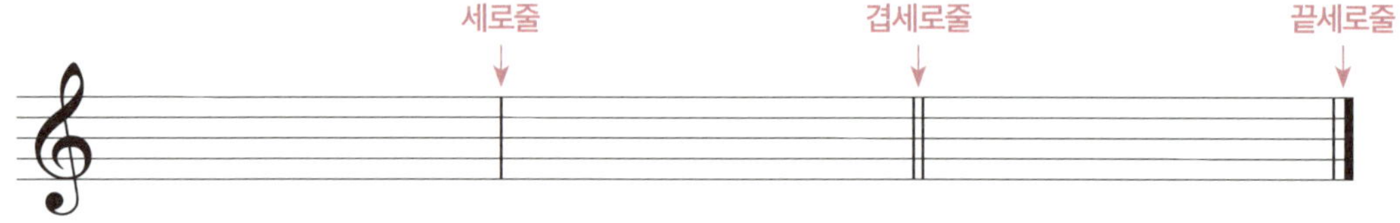

- 세로줄은 각 마디를 나눌 때 사용합니다.

- 겹세로줄은 코러스가 바뀌거나 음자리표, 조표가 바뀔 때 사용합니다.

- 끝세로줄은 곡의 제일 마지막 마디에서만 사용 가능합니다. 끝세로줄이 이미 '곡의 마침'을 의미하기 때문에 아래의 예제와 같이 끝세로줄과 fine(피네)를 동시에 사용하게 되면 의미가 중복되므로 곡이 끝나는 마지막 마디에서는 끝세로줄만 사용합니다.

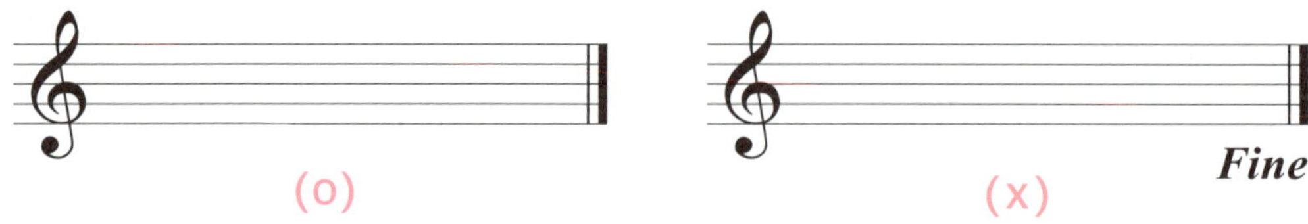

중괄호와 대괄호

- 중괄호는 연주자가 한 명일 때 사용
합니다(ex. Piano, Harp).

- 대괄호는 연주자가 두 명일 때 사용합니다
(ex. Guitars, Trumpets).

4주차 문제

1) 각 오선 앞에 중괄호 혹은 대괄호를 그리고, 혼자 연주하는 표기나 여럿이 연주하는 표기를 나타내보세요.

① Piano:

② Synthesizer:

③ Trombones

④ Percussion 1&2

⑤ Harp

⑥ Guitar 1&2

2) 주어진 문제에서 잘못된 부분을 찾아 아래 비어있는 악보에 바르게 고쳐 그려보세요.

* 음자리표가 바뀔 때는 바뀌는 마디의 앞에 그려줍니다. 만약 마디의 첫 박자가 쉼표라면 쉼표 뒤에
  나오는 음표의 앞에 바뀌는 음자리표를 그려줍니다.

1 박자표의 종류

박자표는 2/2, 4/4, 3/4, 2/4, 5/4, 7/4, 6/8, 7/8, 9/8, 12/8 등 여러 가지가 있습니다.
박자표의 위치는 음자리표, 조표, 박자표 순서로 위치합니다. 박자표를 그릴 때는
오선 안의 4칸을 기준으로 아래 두 칸, 위에 두 칸에 수직으로 그려줍니다.

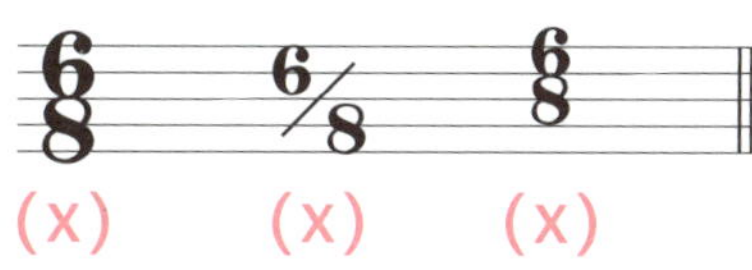

- 칸을 넘쳐서 빠져 나오거나, 날짜처럼 표기하거나,
  3칸, 한 칸을 이용해 비율이 틀어지면 안됩니다.

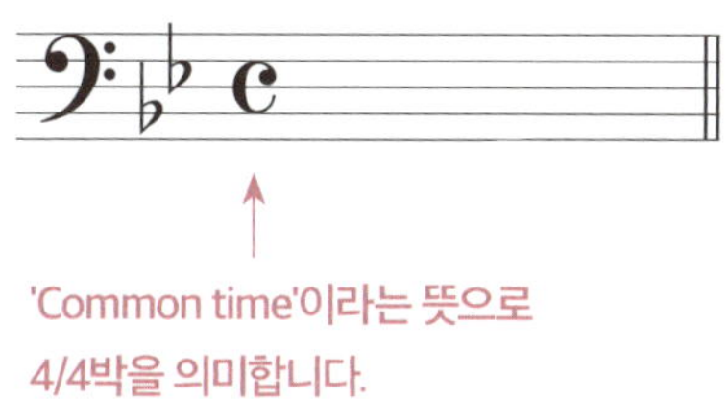

박자표와 조표가 바뀔 때는 마디줄 다음에 바꿔줍니다.

박자표가 다음 줄 첫 번째 마디에서 바뀔 때는 앞의 줄 마지막 마디에 조금 공간을 내어
박자가 바뀐다는 것을 미리 표기해 줍니다.

2 템포 마킹 Tempo Marking

모든 음악이 시작할 때에는 템포를 정해주어야 합니다. 보통 박자표 위에 그 곡의
템포를 표기해 줍니다.

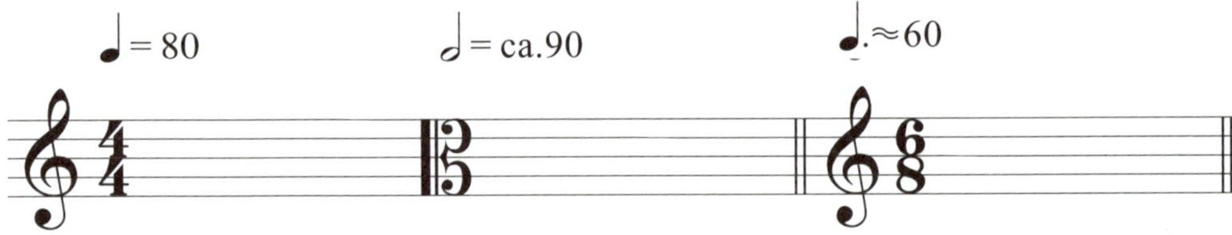

* ♩ = 80에서 =는 정확히 4분음표를 80의 템포로 연주하는 것을 의미합니다.

* ♩.≈60에서 ≈는 점4분음표를 대략 60의 템포로 연주하라는 뜻으로 약간의 오차 범위를 허용합니다.

* ♩ = ca. 90에서 ca.는 ≈와 마찬가지로 '대략'의 뜻을 갖습니다.

3 템포가 바뀔 때의 용어

표기(약자)	읽기(발음)	뜻
accelerando(accel.)	아첼레란도	점점 빠르게
rallentando(rall.)	랄렌탄도	점점 느리게
ritarando(rit.)	리타르란도	점점 느리게
a tempo	어 템포	원래 빠르기로
rubato	루바토	자유롭게 연주
poco a poco	포코 어 포코	점점 더

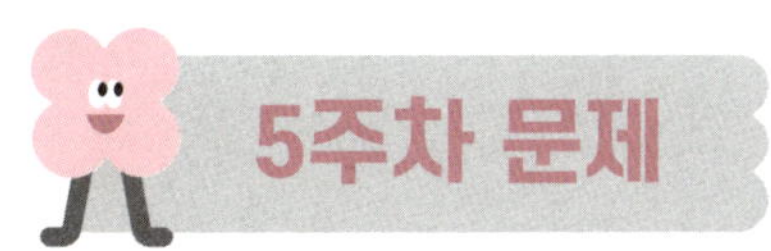

***주어진 문제에서 잘못된 부분을 찾아 아래 비어있는 악보에 바르게 고쳐 그려보세요.**

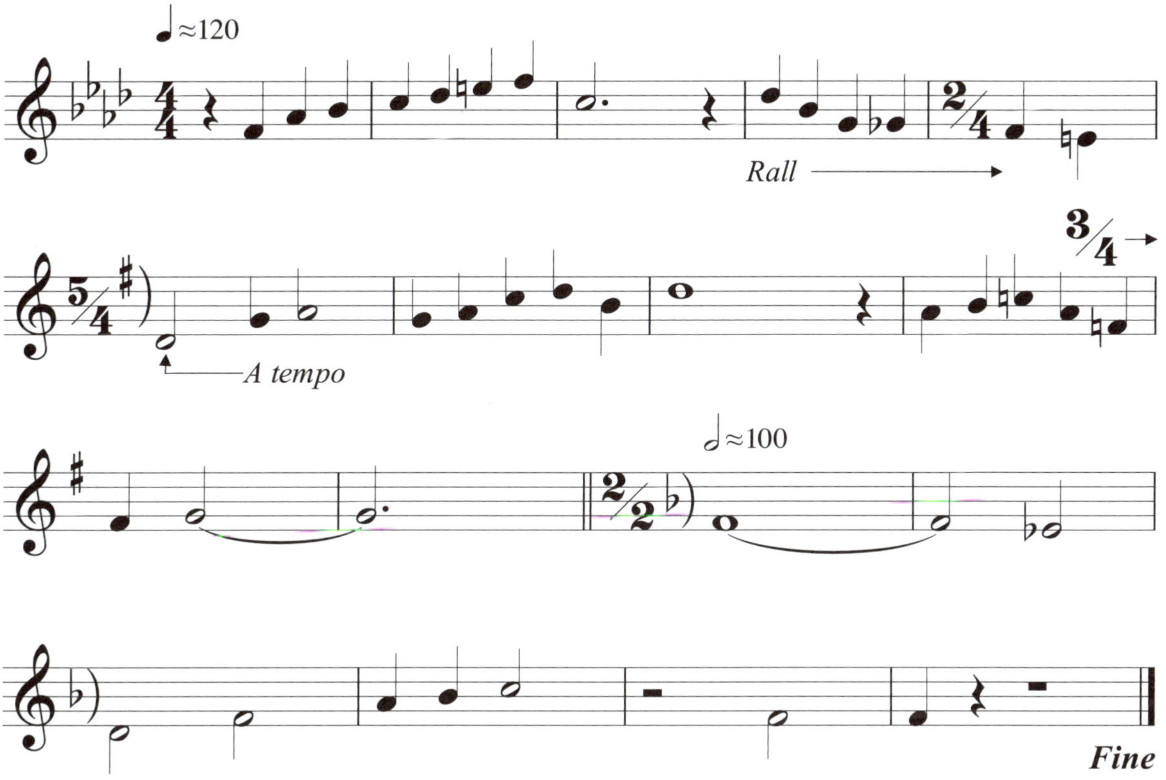

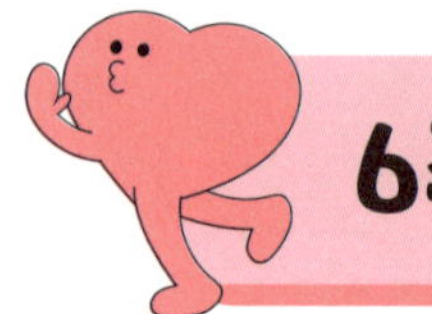

6주차 　리드 시트 Lead Sheet

1 코드 표기

*코드는 아래와 같은 종류가 있습니다.

3화음(Triad chord)

기본 - Major, minor, suspended2, suspended4, diminished, augmented, Five

다른 표기법 - Maj, M, △ / min, m, - / sus2 / sus4 / dim, ° / aug, + / 5

7화음(7th chord)

-Maj7 / min7 / 7 / aug7 / aug(Maj7) / dim7 / 7(♭5) / m7(♭5) / m(Maj7) / 7sus4

* 코드를 표기할 때에는 아래의 예시와 같이 표기합니다. 코드가 따로 표기되어 있지 않은 6마디 같은 경우는 바로 앞의 5마디의 코드를 똑같이 사용한다는 의미입니다.

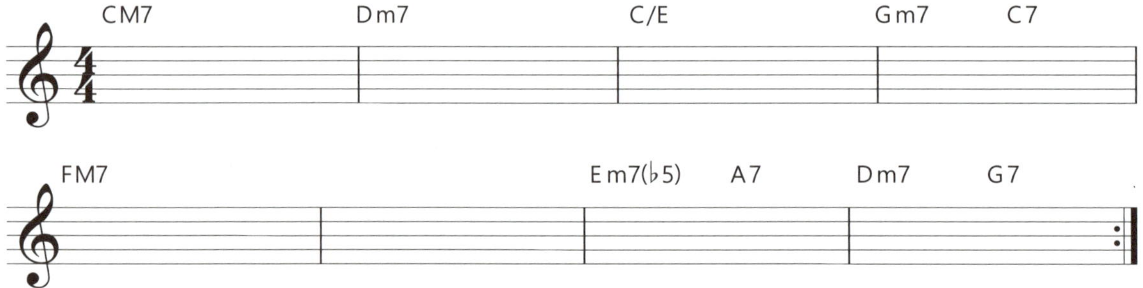

* no / omit는 '~를 제외하다'라는 뜻으로 예를 들어 'C omit3' 라고 되어 있으면 코드 구성음 '도, 미, 솔' 중 3음인 '미'를 제외하고 연주합니다.

* add는 '~를 더하다'라는 뜻으로 'C add2'는 코드 구성음 '도, 미, 솔'에 2음인 '레'까지 함께 연주합니다.

2 텐션 Tension

텐션은 텐션 노트의 줄임말로 기본적인 화음 구성에 '코드톤 외의 음'과 '어보이드 노트'를 추가하여 코드 보이싱의 느낌을 더욱 풍성하게 하고 묘한 긴장감을 느낄 수 있게 합니다. 텐션의 종류에는 '9, ♭9, ♯9, 11, ♯11, 13, ♭13'이 있습니다. 표기법은 세로로 표기 시 F7$\left(\begin{smallmatrix}13\\9\end{smallmatrix}\right)$ 처럼 낮은 숫자가 아래쪽, 가로로 표기 시 F7(9, 13)처럼 왼쪽에 낮은 숫자부터 높은 숫자 순으로 표기합니다.

* 'alt.'는 'altered'의 줄임말로 코드톤 '1, 3, 7음' + 텐션 ♭9, #9, #11, ♭13'음을 뜻합니다.

3 턴어라운드 Turn Around

음악, 특히 재즈라는 장르에서의 턴어라운드란 일반적으로 섹션의 끝에 있는 두 마디 코드 진행을 말합니다. 턴어라운드는 다음 섹션으로 전환하기 위한 강한 느낌을 만듭니다. 강한 해결의 필요성을 이용하여 다음에 이어지는 섹션의 첫 번째 마디에서 해결감을 조성하도록 의도하여 만듭니다.

ex) 1–6–2–5 → 1 / 3–6–2–5 → 1/ 1–♭3–♭6–♭2 → 1 /
　　1–♭3dim7–2–5 → 1 / 1–♭3–2–♭2 → 1

*턴어라운드를 공부하기 위해서는 리얼북에 있는 다음의 재즈곡들을 살펴보세요.

Misty, My Romance, Out of No Where, Take A Train, There Is No Greater Love
Lady Bird, Cherokee, How High the Moon, Straight No Chaser

4 Slash chord 표기법

Slash코드는 / slash를 기준으로 왼쪽에 있는 코드를 오른쪽으로, 오른쪽에 있는 알파벳을 Bass 음으로 보고 연주하면 됩니다. 예를 들어 C/E는 오른손으로 '도, 미, 솔' C 코드를 누르고 왼손으로 Bass음 '미' 한음만 눌러주는 방식으로 연주합니다.

5 Divisi part (Div.)

'분할시킴'이라는 뜻으로 한 오선보(작은 보표)에 쓰여진 파트를 서로 다른 연주자가 연주하도록 지시하는 용어를 말합니다.

* 예를 들어 아래 악보에서 위로 된 기둥의 노트들은 플루트가 연주하고 아래로 된 기둥의 노트들은 비올라가 연주할 수 있습니다.

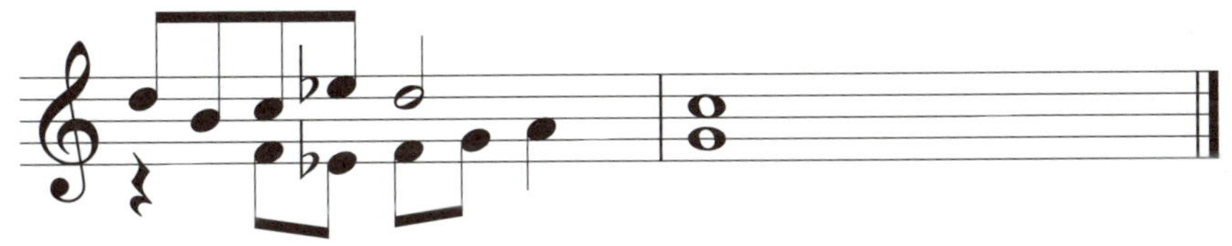

6 Octave(옥타브) 표기법

'8va.'는 그려진 음보다 실제로는 한 옥타브 높게 연주하는 것을 의미합니다.
8va ⌐----------------------⌐ 의 표기가 끝나거나 'loco'라는 단어가 나오기 전까지 계속 한 옥타브 높게 연주합니다. '8va bassa.' 또는 '8vb.'는 그려진 음보다 실제로 한 옥타브 낮게 연주합니다. '8va.'는 오선 위쪽에 표기하고, '8vb.'는 오선 아래쪽에 표기합니다.

2 Octave 높이고 낮추는 표기법은 '15ma.', '15ma bassa'로 표기합니다.

1 | 음표 꼬리 Flag

음표의 꼬리는 기둥의 방향과 상관없이 항상 오른쪽 옆에 위치합니다.

* 위로 향한 기둥에서 꼬리를 그려줄 때에는 음표가 위치한 칸의 반까지 꼬리를 내려줍니다. 음표
  가 줄에 걸쳐있다면 바로 위의 칸 중간까지 꼬리를 내려줍니다.

* 기둥이 아래로 향해 있을 때 꼬리는 음표가 칸에 들어있을 때는 그 아래칸까지, 음표가 줄에 걸쳐
  있을 때에는 바로 아래칸의 절반까지 그려줍니다.

* 꼬리의 넓이는 음의 머리 넓이만큼 맞춰줍니다.

* 꼬리가 두 개일 때에는 꼬리의 끝끼리 만나지 않아야 하며
  꼬리의 끝과 끝이 만나면 잘못된 표기법입니다.

2 | 점의 위치

점은 기둥의 방향과 상관없이 음표의 오른쪽에 찍어줍니다. 음표가 칸 안에 있다
면 그 칸 안에 찍어주고 음표가 줄에 걸쳐있다면 반 칸 위에 점을 찍어줍니다.

* 점이 공간을 차지하는 만큼 꼬리의 길이는 한 칸씩 짧아지게 됩니다.

3 꼬리 2개 초과 시 표기법

* 32분음표와 64분음표, 128분음표의 꼬리는 아래
  예시와 같이 기둥을 한 칸씩 연장하여 꼬리를 그
  려줍니다.

* 덧줄이 두 개 이상일 때는 기둥을 가운데 줄까지
  내려주고 8분음표의 꼬리를 그리고, 16분음표의
  꼬리는 한 칸 안쪽에 위치하도록 그려줍니다.

* 덧줄이 두 개 이상, 꼬리가 세 개부터는 위쪽이나
  아래쪽으로 한 칸씩 기둥을 늘려 꼬리를 나타내
  줍니다.

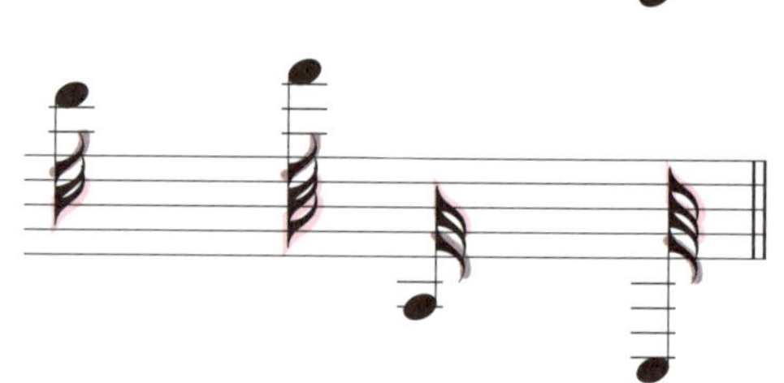

4 박자에 따른 음표 묶어주기

* 기악과 현대 보컬 표기법 모두(4분음표 보다 짧은 음표가 각각의 박에서 연속적으로 지속될 때)
  두 개 이상의 같은 길이의 음표가 있을 때, 각각의 꼬리 대신 꼬리를 묶어주는 묶음이 사용됩니
  다. 경우에 따라 묶음이 두 박 이상으로 확장될 수도 있습니다.

* 6/8박은 점 4분음표를 한 묶음의 기준으로 합니다. 그렇기에 아래 예시와 같이 8분음표 3개의
  꼬리를 한 묶음으로 나타내 주는 것이 올바른 표기법입니다.

* 4/4박은 8분음표를 묶어줄 수 있는데 한 박을 묶거나 두 박을 묶는 것도 가능해서 아래와 같이
  표기할 수 있습니다.

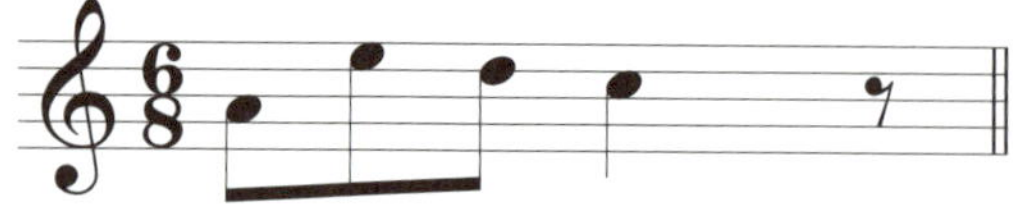 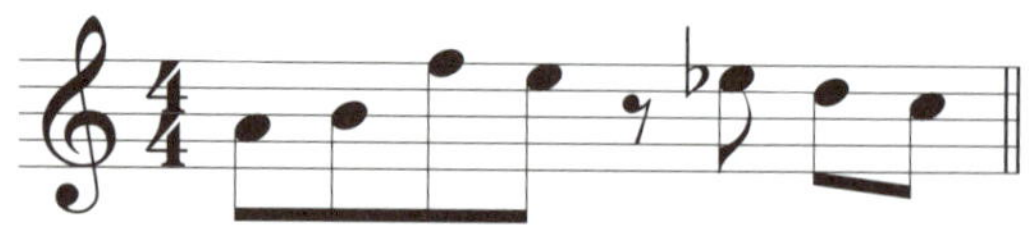

* 4/4박에서 8분음표는 4개까지 한 묶음으로 묶어줄 수 있고, 16분음표와 그 이상 쪼개지는 박은 4
  분음표를 기준으로 해 한 묶음을 정해줄 수 있습니다. 잇단음표가 나올 때도 마찬가지로 4분음표
  의 길이만큼 한 묶음으로 꼬리를 묶어줍니다.

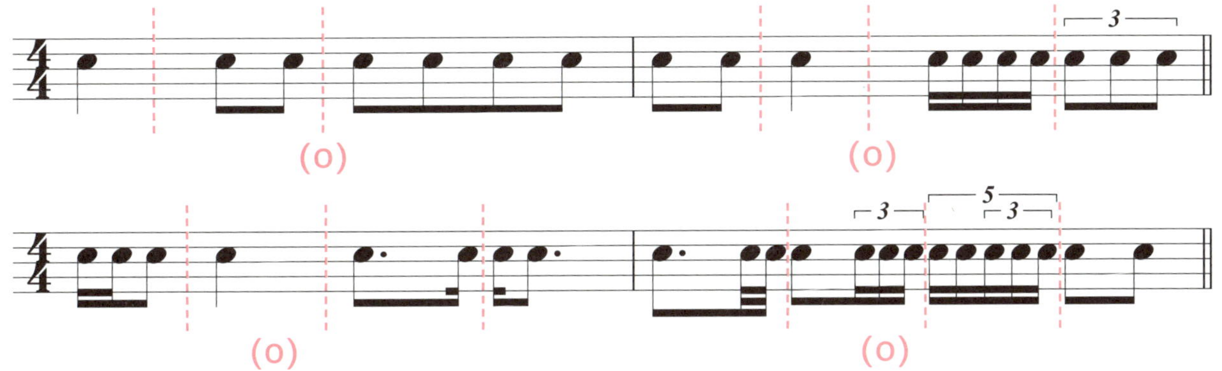

5 묶음의 적용(기둥과 꼬리의 방향)

* 묶음에서의 꼬리는 한 칸의 절반을 차지합니다.

* 음 높이가 다를 때에는 음의 방향에 맞게 꼬리의 방향도 따라줍니다.

* 두 음 이상의 음들의 음 간격이 넓게 묶여있을 때 꼬리 묶음의 경사가 너무 심하거나 기둥이 거의 보이지 않는 현상이 일어나면 잘못된 표기법입니다.

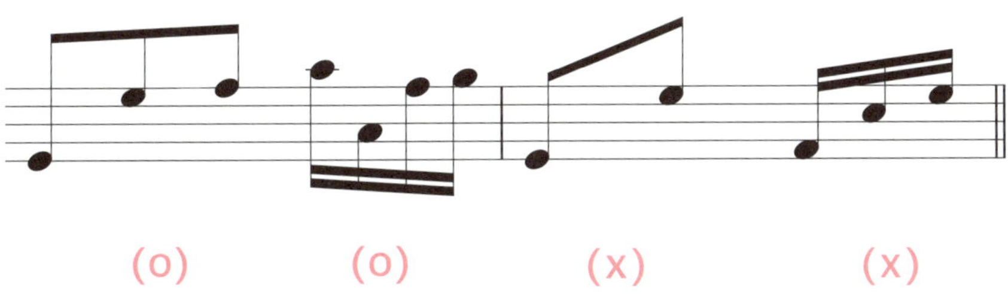

* 두 개의 음을 묶어주려고 하는데 두 음 각각의 기둥 방향이 다를 때에는 가운데 줄 '시'를 기준으로 하여 두 음 각각의 거리를 재줍니다. 그리고 숫자가 큰 쪽이 이기게 되는데 결론적으로 '시'에서부터 먼 곳에 위치한 음의 기둥 방향을 따르게 됩니다. 만약에 거리가 같다면 어느 쪽의 방향을 따라줘도 맞는 표기가 됩니다.

* 세 개 이상의 음들을 묶어놓았을 때 기둥의 방향을 가운데 줄을 기준으로 위 아래로 나누어 더 많은 곳에 분포된 음들의 방향을 따라줍니다.

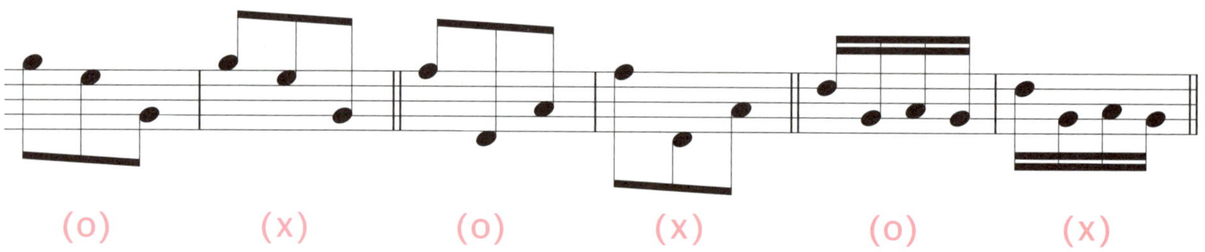

(O)   (x)   (O)   (x)   (O)   (x)

- 만약 분포된 음들의 개수가 동일하다면 묶음의 맨 처음에 위치한 음 기둥의 방향을 따라줍니다.

(O)   (x)
(O)   (x)
(O)   (x)

* 묶음 꼬리의 경사는 각 묶음의 첫 음과 마지막 음을 기준으로 한 방향으로 나타내 줍니다.

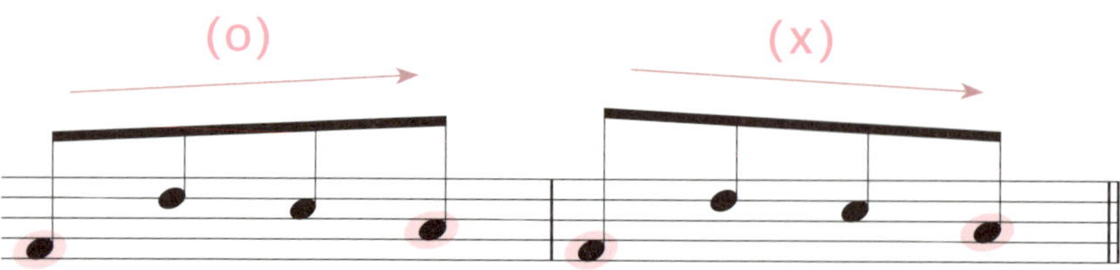

(O)   (x)

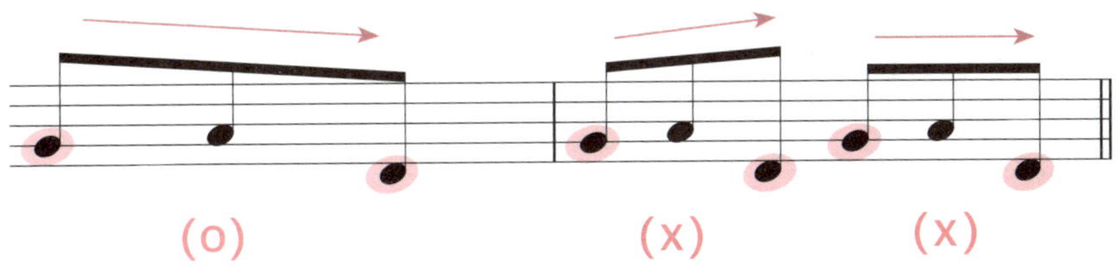

* 덧줄에 그려진 음들은 3번째 줄을 기준으로 2, 3번 칸 안에서 기울기(경사)를 전부 표기하는 것을 원칙으로 합니다.

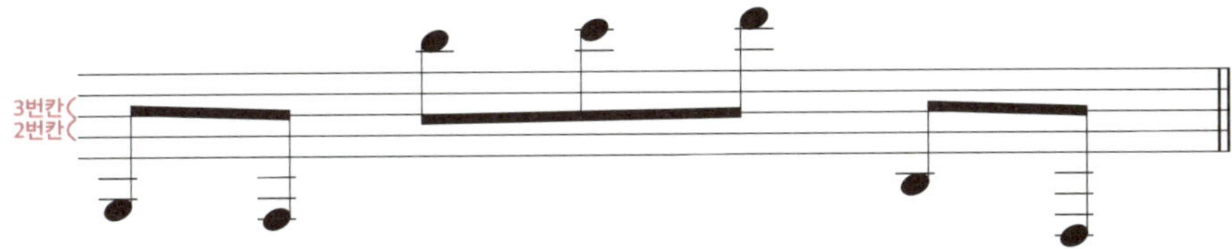

7주차 문제

1) 아래에 나와있는 두 음의 기둥의 방향을 8분음표로 알맞게 그려보세요.

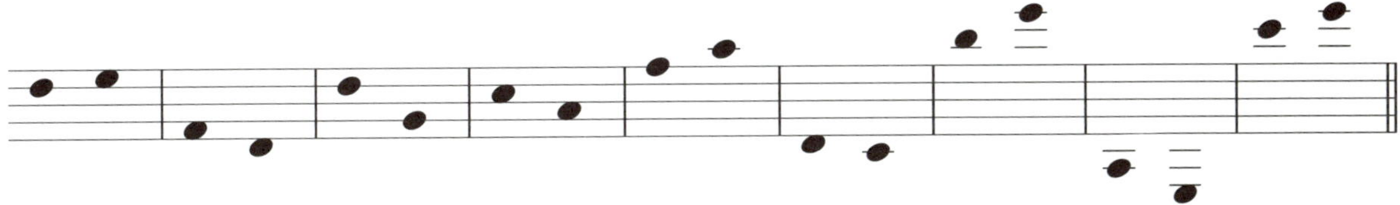

2) 아래에 나와있는 두 음의 기둥의 방향을 16분음표로 알맞게 그려보세요.

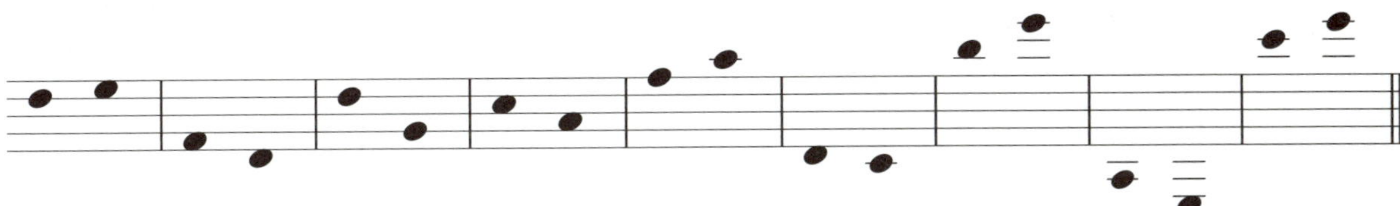

3) 각 그룹의 음들의 기둥과 꼬리를 하나로 묶어 아래 빈 악보에 그려보세요.

4) 잘못 묶여있는 음들의 기둥과 꼬리를 찾아 바르게 고쳐 아래 빈 악보에 그려보세요.

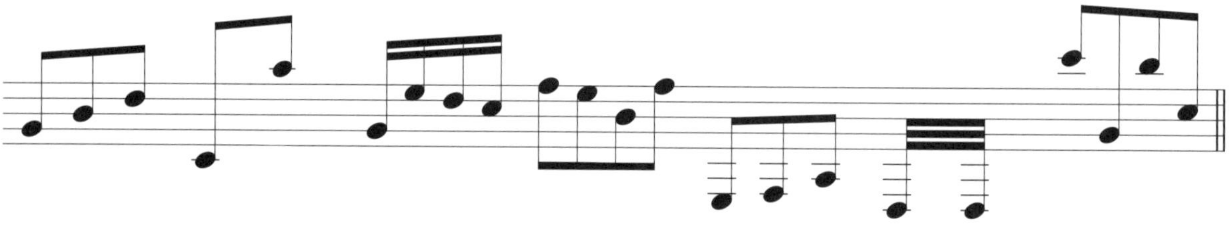

8주차 　잇단음표 Tuplets

1. 잇단음표의 개념

잇단음표란 본래 분할 방식과 다른 분할법으로 생긴 음표로 어떤 음표를 연주하는 데에 있어서 걸리는 시간을 분할하는데 특수한 방법을 취한 일련의 음표입니다. 예를 들어 4분음표를 3등분 하는 경우 셋잇단음표라고 하며, 둘잇단음표, 셋잇단음표, 다섯잇단음표, 여섯잇단음표, 일곱잇단음표, 아홉잇단음표 등 다양한 경우의 수가 존재합니다.

2. 잇단음표 표기법

① 잇단음표 표기 시 무조건 음표의 위쪽에 표기해주며 아래의 예제와 같이 기둥이 위로 있을 때에 첫 음표 머리부터 괄호를 시작해 마지막 음표의 기둥에 맞춰서 괄호를 닫아줍니다.

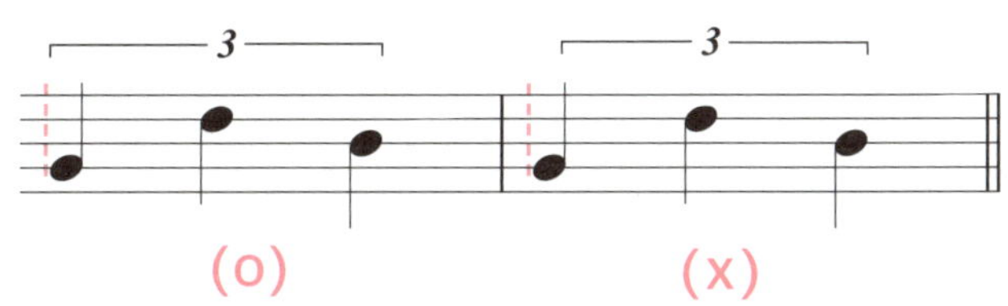

② 음표가 두 개이거나 음표 하나, 쉼표 하나로 되어있을 때에는 둘 다 괄호 안에 포함시키고 숫자는 두 음이나 음표와 쉼표 중앙에 표기합니다.

③ 아래 예제와 같이 기둥이 아래로 있을 때에는 첫 음표의 기둥부터 괄호를 시작해 마지막 음표 머리의 오른쪽 끝까지 감싸서 괄호를 닫아줍니다.

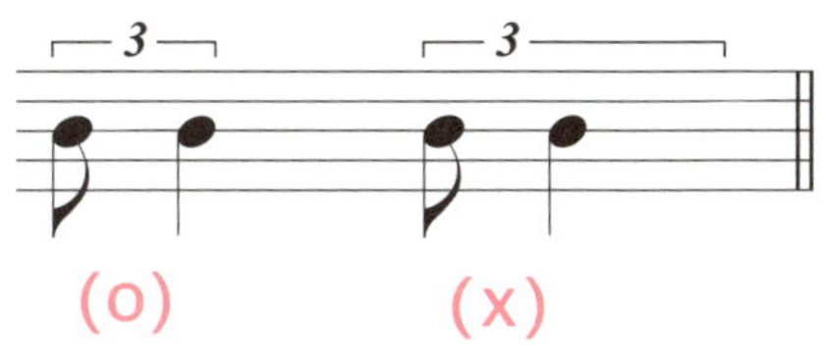

잇단음표의 표 도식화

잇단음표는 기준이 되는 음표를 기준점 1이라고 가정하여 2, 4, 8, 16으로 나눴을 때 표현이 되지 않는 숨은 숫자인3, 5, 6, 7, 9~15 등을 표현할 때 사용합니다. 3은 3 위에 딱 떨어지는 숫자인 2와 동일한 음표를 사용해 나타냅니다. 딱 떨어지는 또 다른 숫자인 4와 8 사이의 5, 6, 7은 4와 동일한 음표로 나타냅니다. 8과16 사이의 9~15는 8과 같은 음표로 나타냅니다.

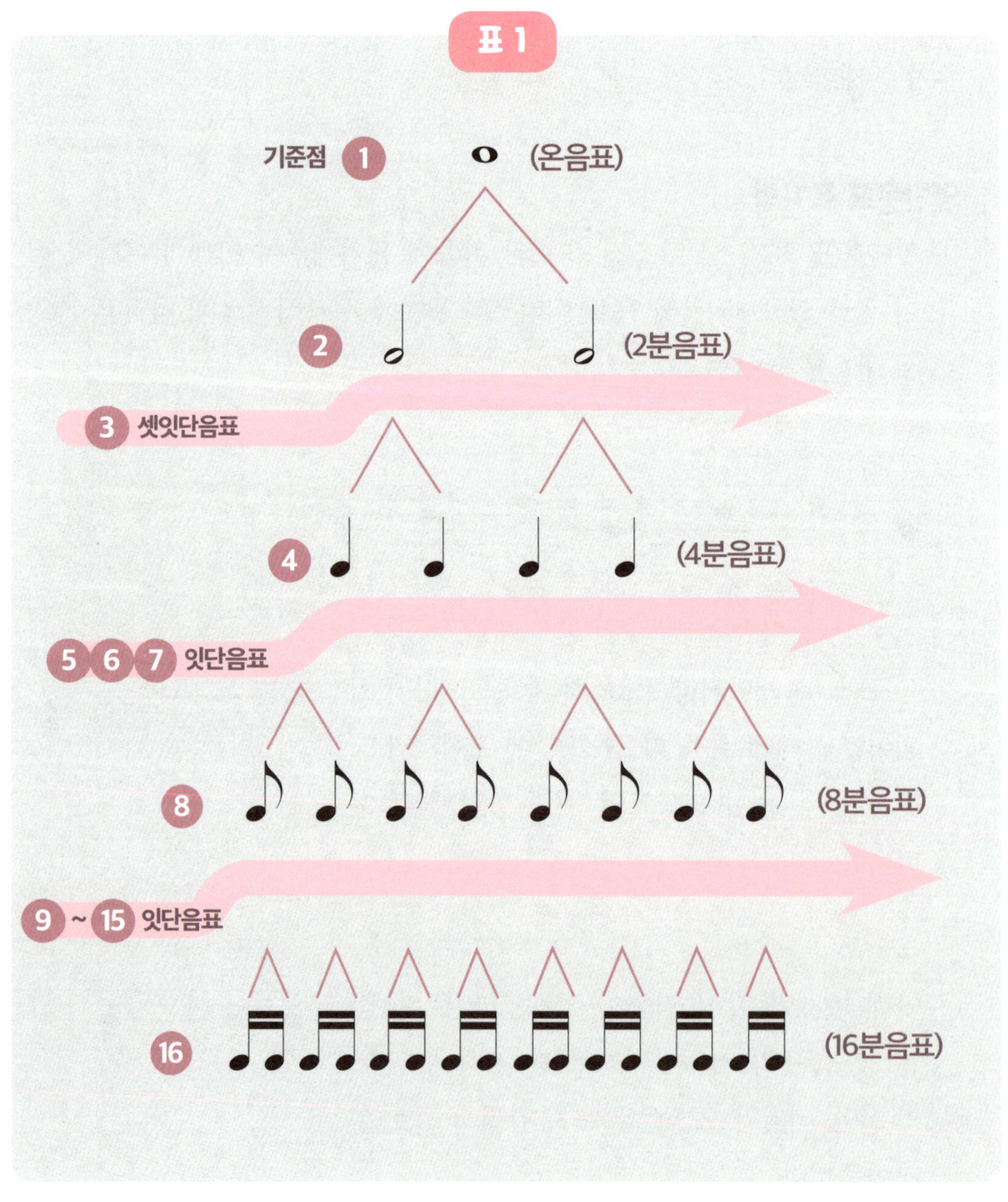

표 2

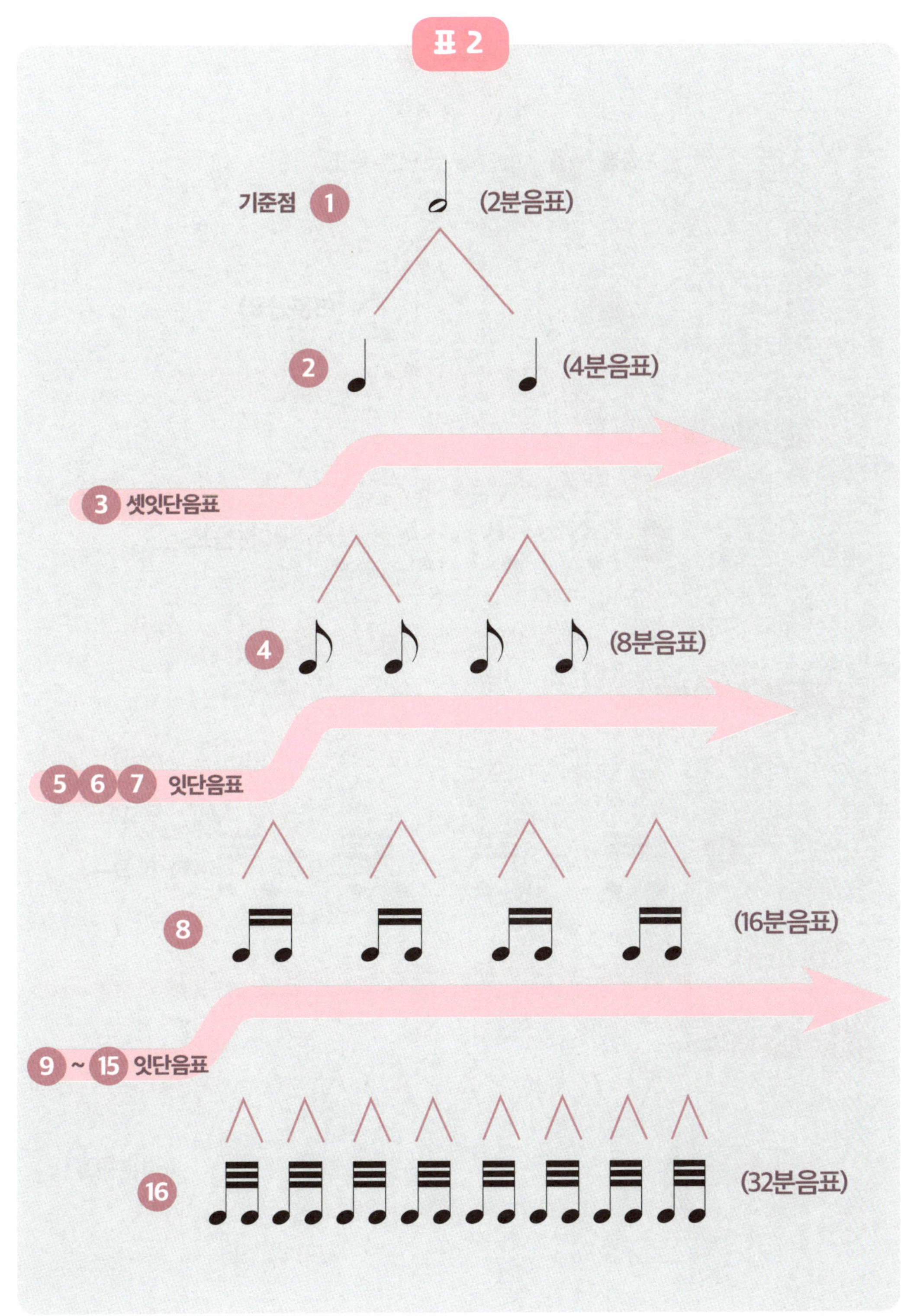
기준점 1 (2분음표)
2 (4분음표)
3 셋잇단음표
4 (8분음표)
5 6 7 잇단음표
8 (16분음표)
9 ~ 15 잇단음표
16 (32분음표)

표 3

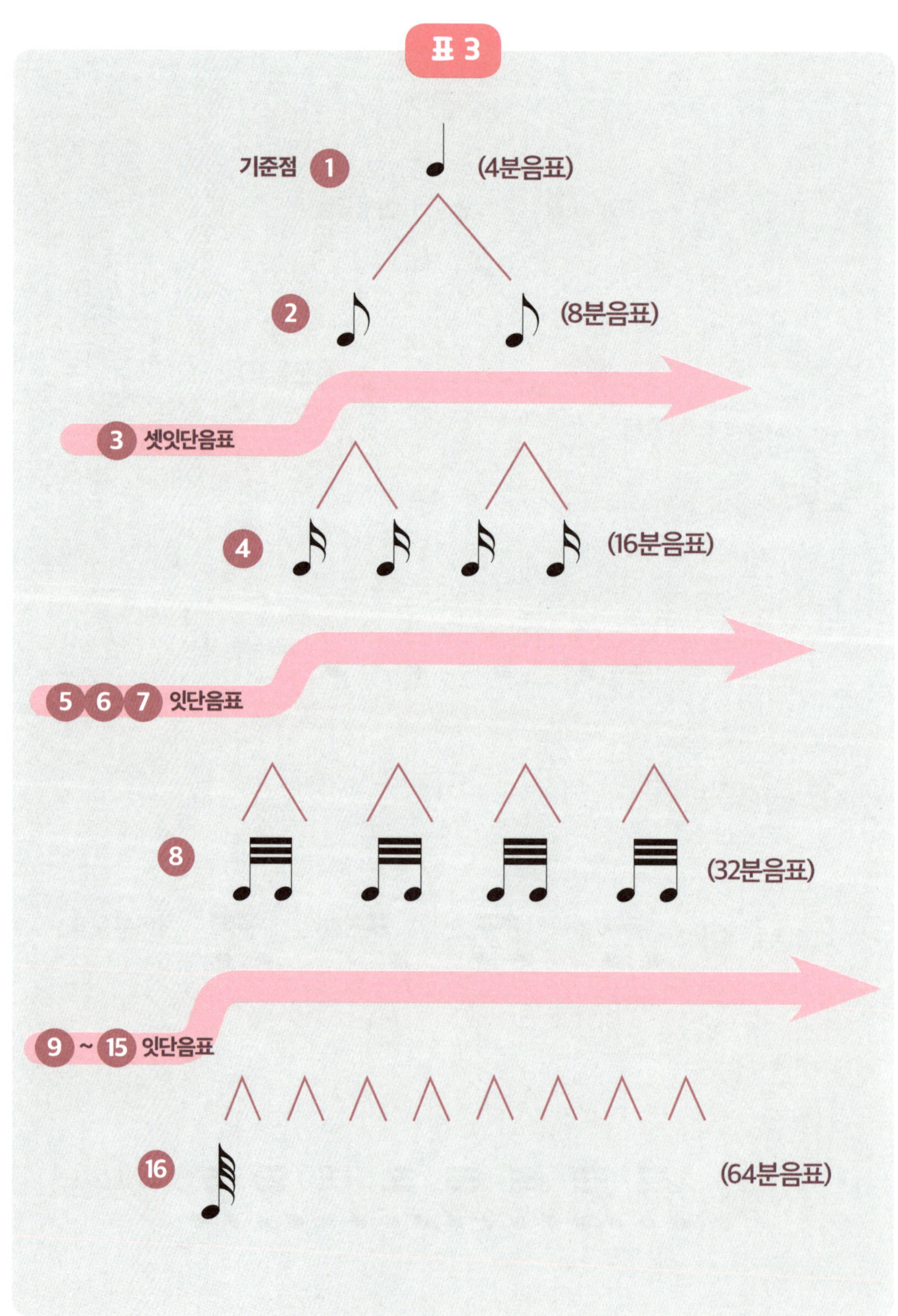
기준점 1 (4분음표)
2 (8분음표)
3 셋잇단음표
4 (16분음표)
5 6 7 잇단음표
8 (32분음표)
9 ~ 15 잇단음표
16
(64분음표)

1. 주어진 음표를 잇단음표로 나타내보세요.

1) ♪ = ⌐——3——¬   2) ♩ = ⌐———5———¬   3) ♪ = ⌐——3——¬

4) 𝅝 = ⌐———7———¬   5) 𝅝 = ⌐———9———¬   6) ♪ = ⌐———6———¬

7) ♩ = ⌐————10————¬   8) ♪ = ⌐————11————¬   9) 𝅝 = ⌐——3——¬

10) ♪ = ⌐———6———¬   11) 𝅝 = ⌐————14————¬   12) ♩ = ⌐——3——¬

2. 주어진 잇단음표를 하나의 알맞은 음표로 적어보세요.

1) ⌐——3——¬ ♩♩♩ =   2) ⌐———5———¬ ♬♬♬♬♬ =

3) ⌐————10————¬ =   4) ⌐———7———¬ =

5) ⌐———6———¬ =   6) ⌐——3——¬ =

7) ⌐————12————¬ =   8) ⌐——3——¬ =

9) ⌐———9———¬ =   10) ⌐———5———¬ =

11) ⌐———7———¬ =   12) ⌐——3——¬ =

9주차　박자의 세분화 Part. 2

1　수평적 묶음

음표 묶음의 첫 음과 끝 음이 같다면 꼬리의 방향을 수평으로 그려줍니다.

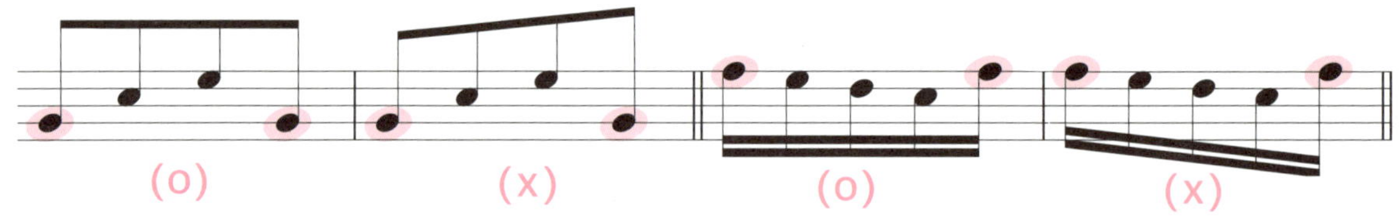

* 음표 묶음에서 '주'가 되는 음(지분을 많이 차지하거나 많이 반복되는 음)이 있을 때에도 꼬리의 방향을 수평으로 그려줍니다.

* 음표 묶음 안에서 여러 번 반복되는 두 음이 음 간격까지 같은 경우에 꼬리를 수평으로 그려줍니다.

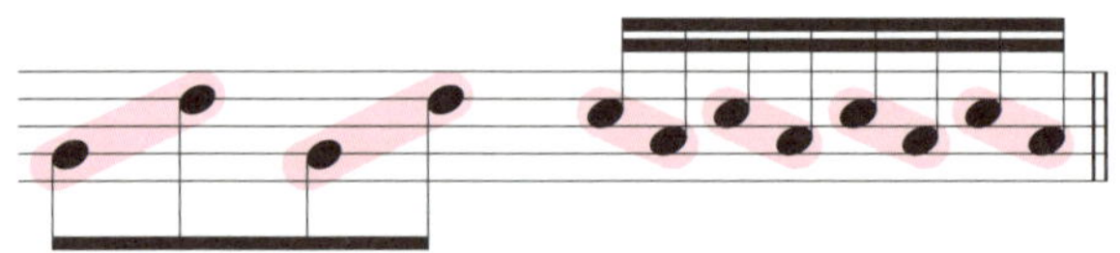

2　박자별 꼬리묶음 경우의 수와 예시

38

3. 붙임줄을 합칠 수 있는 경우와 합칠 수 없는 경우

* 아래의 예제와 같이 붙임줄이 음표 묶음 안쪽에 위치해 있을 경우에는 두 음표를 하나의 음표로 합쳐서 기보할 수 있습니다.

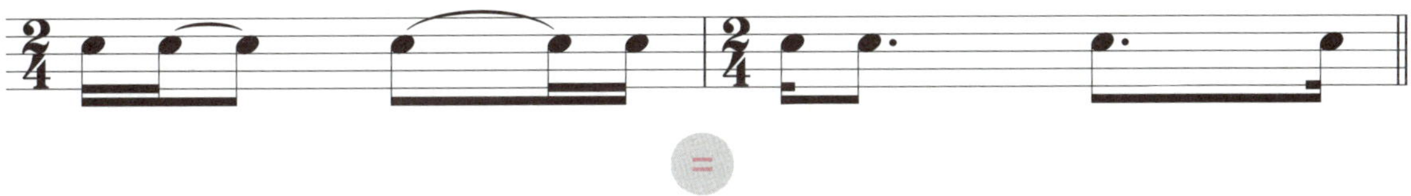

* 4/4, 2/4박에서 16분음표의 꼬리는 한 박을 기준으로 음표 묶음 안쪽으로 위치하도록 기보해 줍니다.

4 당김음 Syncopation

당김음이란 센 부분과 여린 부분의 음이 이어져서 여린 부분의 음이 센 부분으로 바뀌거나 센 부분이 여린 부분으로 바뀌어 셈여림의 위치가 뒤바뀌게 되는 것을 말합니다.

* 같은 높이의 음이어도 음표 묶음 안쪽이 아닌 서로 떨어져 있는 묶음의 음은 붙임줄로 표기할 수는 있지만 합쳐서 하나의 리듬으로 변형시켜 줄 수는 없습니다.

1. 다음 붙임줄을 가능한 부분만 당김음으로 바꿔서 아래 비어있는 악보에 기보해 보세요.

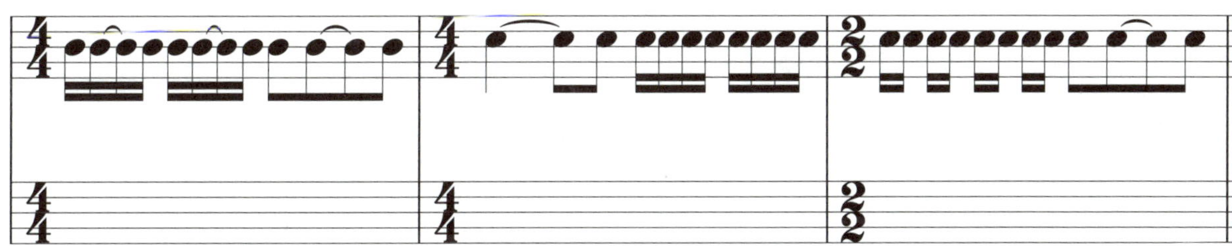

2. 다음 잇단음표 표기에서 잘못된 부분을 찾아 바르게 고쳐보세요.

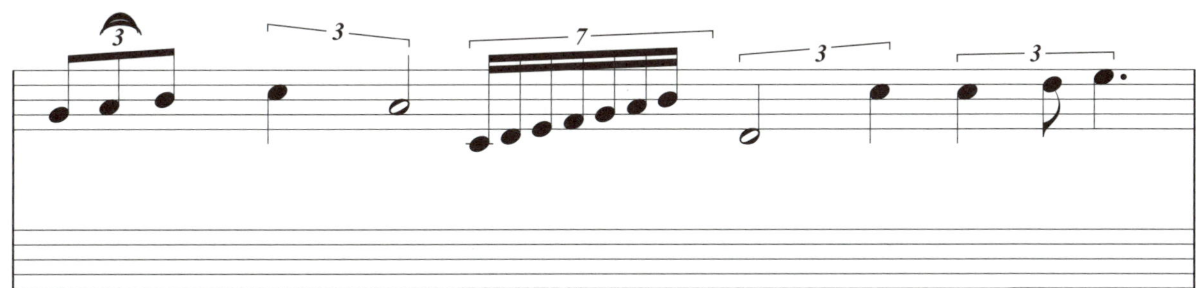

3. 다음 악보에서 잘못된 부분을 찾아 바르게 고쳐 아래 비어있는 악보에 그려보세요.

1. 쉼표 표기

1) 8분쉼표: 8분쉼표는 3번째 칸에 쉼표의 머리를 그리고 두 번째 칸까지 기둥을 내려줍니다.

* 예제와 같이 8분음표를 5번 따라 그려보세요.

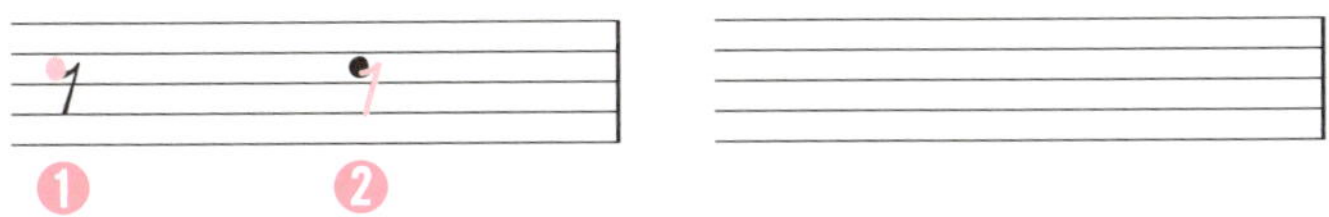

* 8분쉼표는 보통 두 번째 칸이나 세 번째 칸에 그려줍니다. 그러나 음표 그룹 사이에 위치할 때는 다른 칸에 그리는 것도 허용됩니다.

2) 16분쉼표: 16분쉼표는 2, 3번 칸에 쉼표의 머리를 그려주고 첫 번째 칸까지 기둥을 내려줍니다. 16분쉼표도 마찬가지로 상황에 따라 각각 다른 칸에 위치할 수 있습니다.

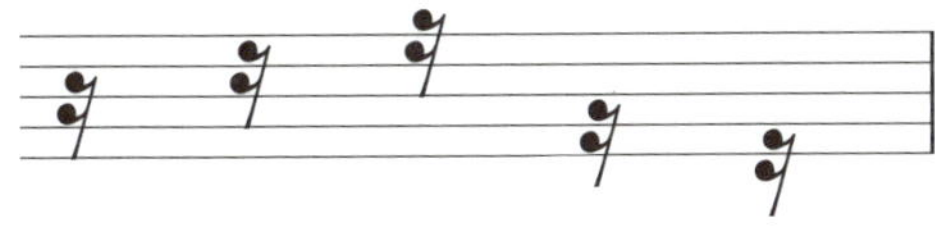

* 8분쉼표, 16분쉼표는 마디 안의 간격을 나눈 후 각각 박자에 맞는 위치에 정확히 표기해 주어야 합니다.

⇨ 예제의 왼쪽 마디처럼 점4분음표가 8분쉼표보다 길이가 길기 때문에 잘못된 표기법입니다. 오른쪽 마디처럼 두 박을 8분음표 단위로 4등분 하여 임의로 칸을 나누고 각 음표와 쉼표의 길이에 맞게 위치를 배열해 기보해 주어야 합니다.

3) 마디 전체를 쉴 때: 마디 전체를 쉴 때에는 몇 분의 몇 박자와는 관계없이 온쉼표로 기보할 수 있습니다.

또는 박자표에 맞게 그 박만큼의 쉼표를 사용해도 맞는 표기법입니다.

4) 붙임줄: 붙임줄은 같은 위치에 있는 두 음을 하나로 묶어주는 것을 말합니다.

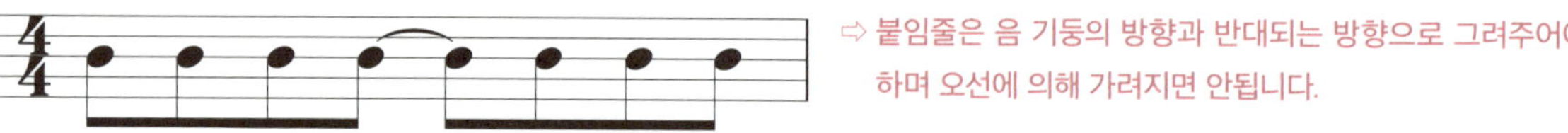

⇨ 온음표일 경우에는 음 높이가 '시' 이상이면 붙임줄을 위쪽으로 기보해주고 '시'보다 아래음부터는 아래쪽에 기보합니다

5) 점음표: 점이 하나일 때에는 앞 음표의 1/2만큼의 박자를 의미합니다. 점이 두 개일 때에는 첫 번째 점은 음표의 1/2, 두 번째 점은 음표의 1/4만큼의 박자를 뜻합니다. (첫 번째 점 길이의 또 다시 1/2이라고 생각 하는 것도 가능합니다)

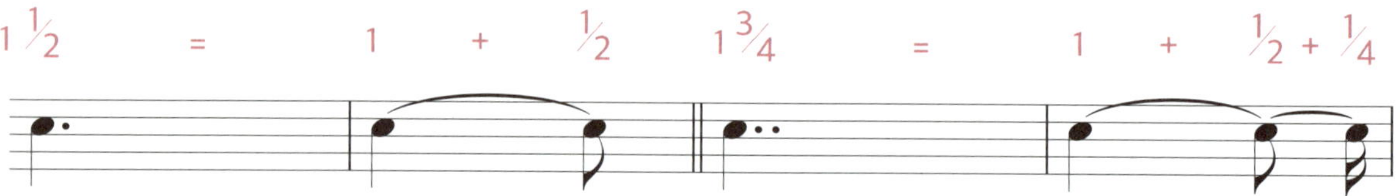

* 점음표에서 점의 위치는 음의 머리가 칸 안에 있을 때는 같은 칸 음 오른쪽에, 음의 머리가 줄에 걸쳐있을 때에는 반 칸 위 오른쪽 옆에 찍어줍니다.

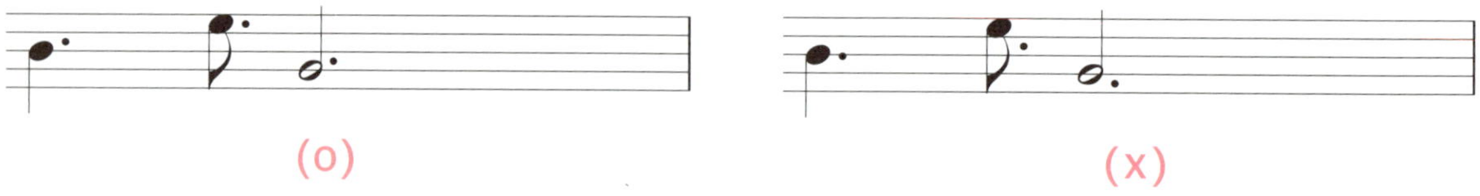

* 두 음이 순차로 붙어있을 경우는 줄에 걸쳐있는 음의 점을 반 칸 아래에 찍어줍니다. 점의 위치는 점끼리 수직이 되어야 합니다.

6) 점쉼표: 점쉼표도 음표와 마찬가지로 앞의 쉼표의 1/2, 1/4로 쉼표의 길이가 더해집니다.

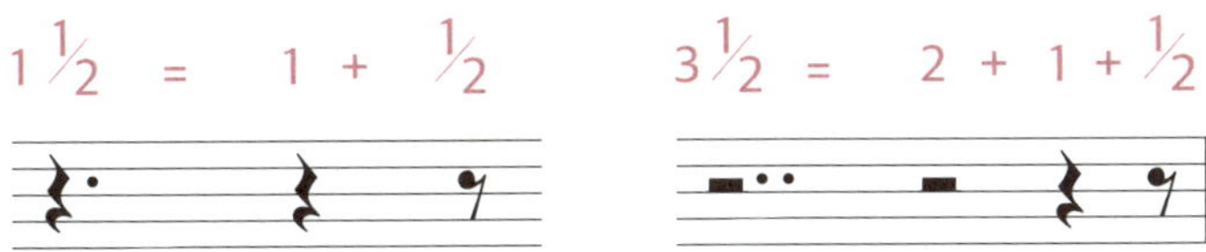

*점쉼표에서 점을 찍는 위치는 쉼표의 가장 위쪽에 찍어줍니다.

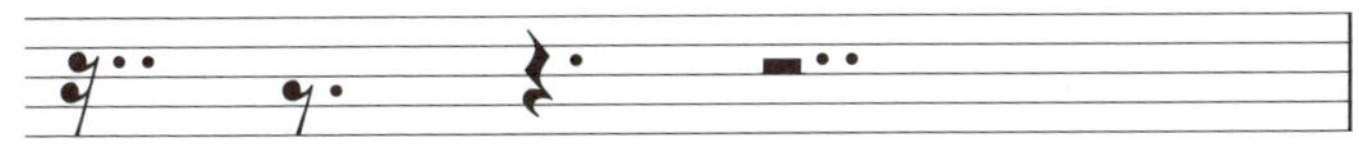

7) 복합박자에서의 쉼표

: 6/8, 9/4박에서는 묶어서 표기 가능한 쉼표는 최대한 나누지 않고 묶어서 하나의 쉼표로 표기해 줍니다.

*6/8박에서 쉼표가 '강 약 약, 중강 약 약' 에서 '약 약'박에 오는 경우에만 합치지 않고 8분쉼표로 나타내줍니다(강세가 뒤집어지기 때문!).

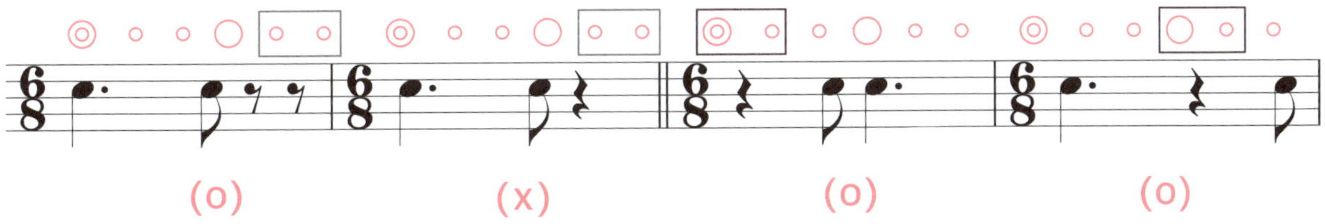

1. 각 문제의 음들에 알맞은 붙임줄을 표기해 보세요.

2. 주어진 두 개의 음표를 합쳐서 아래 비어있는 악보에 점음표로 그려보세요.

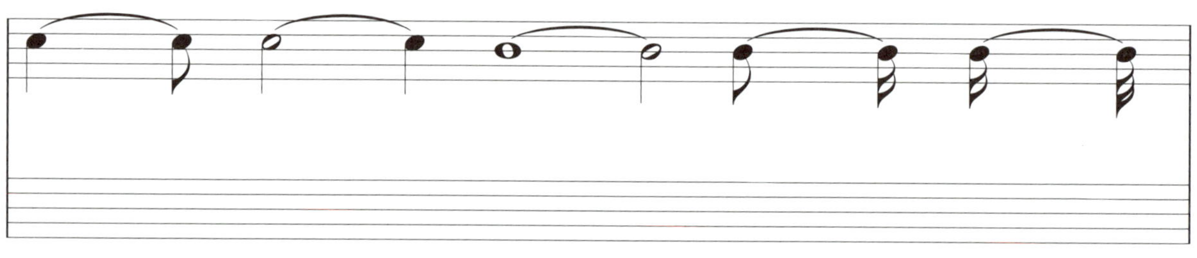

3. 마디의 빈 공간에 알맞은 쉼표를 표기해 보세요.

11주차   멈춤, 반복 (내비게이션)

1 **늘임표 (페르마타) Fermata**

늘임표 또는 페르마타(Fermata)는 ◡ 기호로 표시하며 특정 음표를 본래의 박자보다 2~3배 늘려서 연주하라는 뜻을 갖고 있습니다.

* 페르마타 기호는 항상 보표 위쪽에 위치하며 음 바로 위에 표기합니다.

* 한 악보가 두 파트로 나눠질 때엔 예외적으로 오선 아래에 페르마타 기호를 거울모드처럼 거꾸로 표기할 수 있습니다.

2 **멈춤 Pauses, Caesuras**

Pauses와 Caesuras는 // 기호로 표시하며 표시된 부분에서 음악을 잠시 멈춘다는 의미를 갖고 있습니다. 5번줄 위에서 시작해 4번 줄에 닿을 때까지 그려줍니다.

3 **여러 마디를 쉴 때**

여러 마디를 쉴 때의 표기법은 아래와 같이 2, 3번 칸에 두꺼운 'H'를 그려주고 오선 위에 몇 마디를 쉬는지 써줍니다.

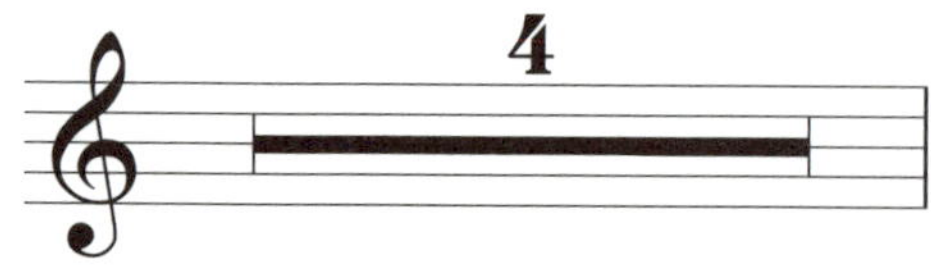

4 괄호를 반복할 때

대괄호 안에 도돌이표로 표기해주며 조표가 그려져 있는 마디나, 키가 바뀔 때에는
조표를 포함하지 않도록 괄호를 그려줍니다.

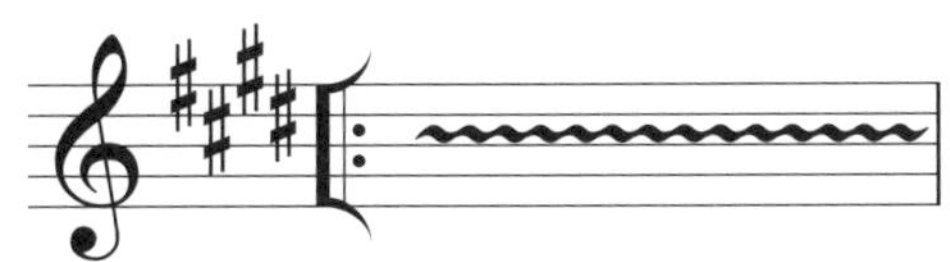

5 엔딩을 반복할 때

엔딩(Ending)1, 2가 있을 때 1, 2가 각각 2마디씩이라면 다음과 같이 두 마디에 괄호
를 그려주고 괄호 왼쪽에 숫자를 표기합니다.

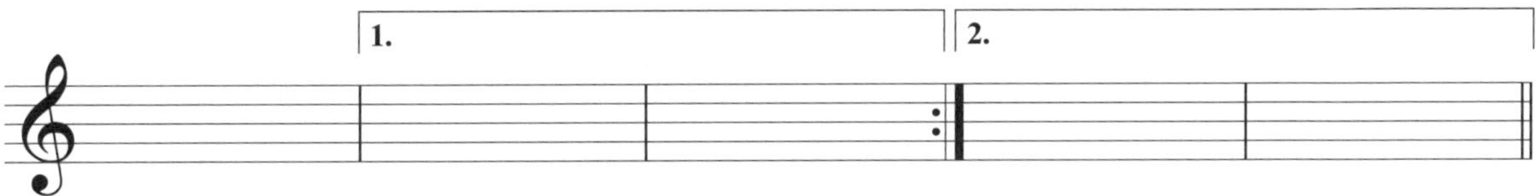

* 엔딩이 두 마디 이상으로 길 때는 한 마디 반 까지만 열린 괄호를 그려줍니다.

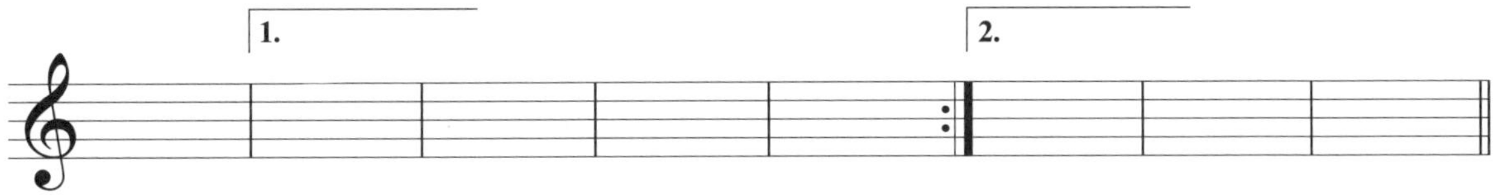

6 한마디 반복기호

마디마다 퍼센트 기호를 그려줍니다.

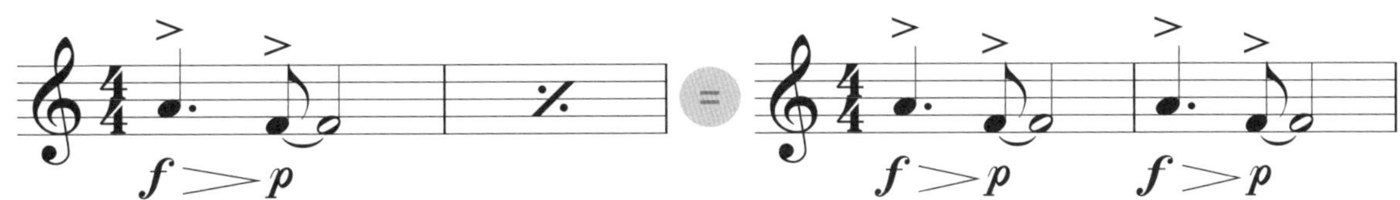

두 마디 반복 기호

두 마디를 기준으로 마디 세로줄 사이에 𝄎 기호를 표기하고 오선 위에 숫자 2를 예제와 같이 기호 위에 표기해 줍니다.

* 특히 드럼 리듬을 반복 표기 시에 매우 유용합니다.

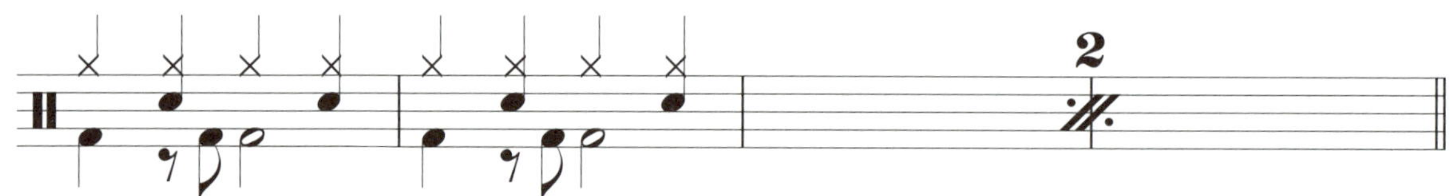

8

음악 용어

① ***D.C. = Da Capo*** (다카포)는 다시 맨 처음으로 돌아가라는 뜻입니다.

② ***D.S. = Dal Segno*** (달세뇨)는 𝄋 (세뇨)로 돌아가라는 뜻입니다.

③ ***al Fine and al Coda = D.C. al Fine*** (다카포 올 피네)와 ***D.S. al Fine*** (달세뇨 올 피네)는 맨 처음으로 돌아가거나 세뇨로 돌아간 후에 계속 진행하다가 ***Fine*** (피네)에서 끝마치라는 뜻입니다.

④ ***D.C. al Coda (D.C. al ⊕)*** (다카포 올 코다) 와 ***D.S. al Coda (D.S. al ⊕)*** (달세뇨 올 코다)는 맨 처음으로 돌아가거나 세뇨로 돌아갔다가 두 번째 연주 시 코다 사이를 건너 뛰고 연주하라는 뜻입니다.

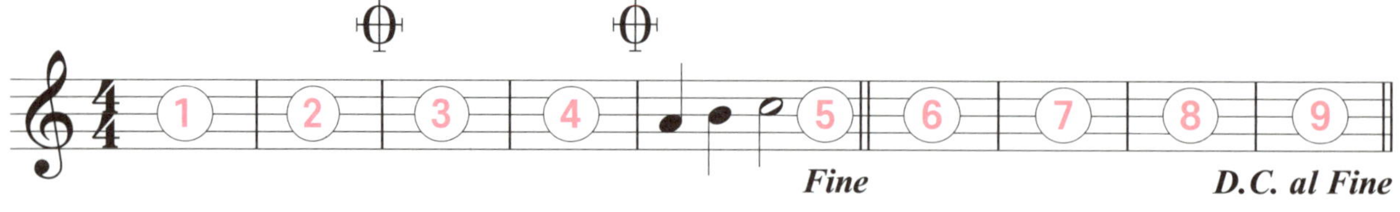

연주 순서: 1→2→3→4→5→6→7→8→9→1→2→5

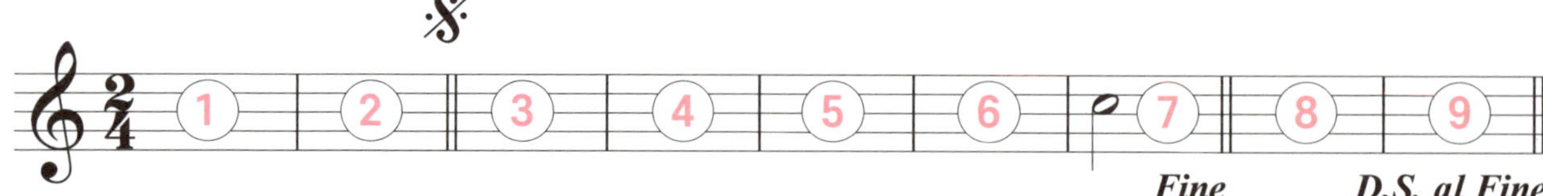

연주 순서: 1→2→3→4→5→6→7→8→9→3→4→5→6→7

1. 다음 음악 용어들의 이름(full name)과 뜻을 함께 적어보세요.

① *D.C.* :
② *D.S.* :
③ *D.C. al Fine* :
④ *D.S. al Fine* :
⑤ *Fine* :
⑥ *D.C. al Coda* :
⑦ *D.S. al Coda* :
⑧ 𝄌 _______ 𝄌 :

2. 다음 악보의 연주 순서를 적어보세요.

①
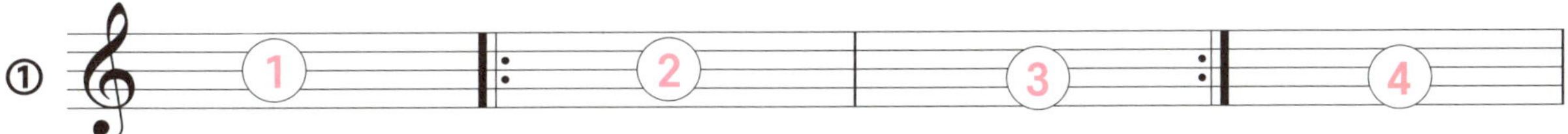

순서 :

②
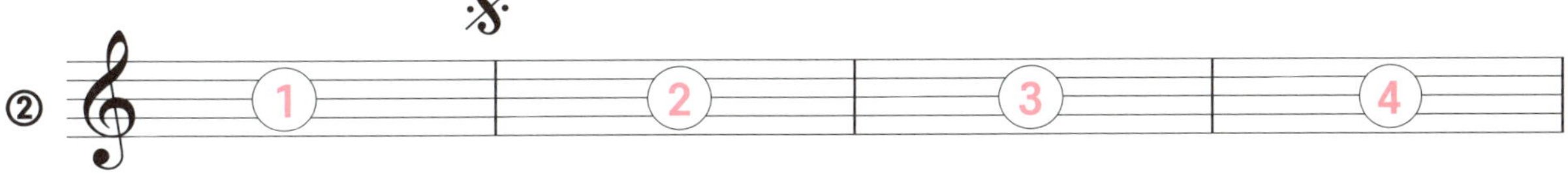

순서 :

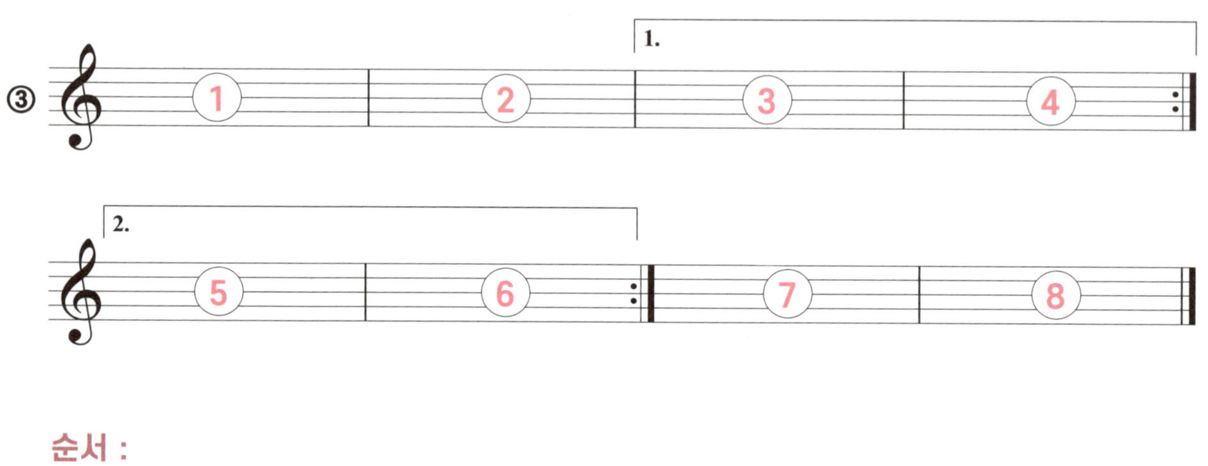

순서 : ____

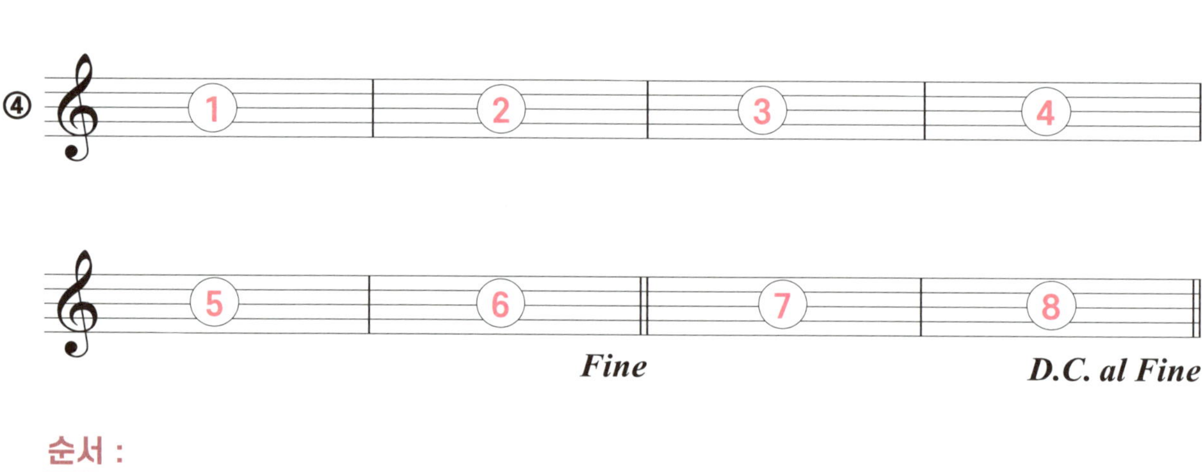

순서 : ____

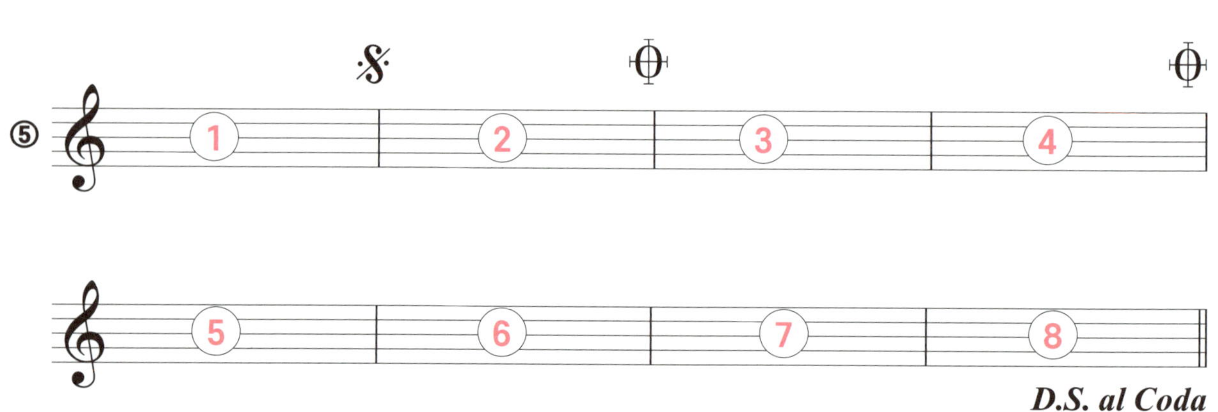

순서 : ____

12주차 코드 보이싱 Chord Voicing

1 3화음 Triad Chord

3화음 코드의 종류에는 'Major, minor, sus4, sus2, augmented, diminished chord'가 있습니다.

2 7화음 7th chord

7화음 코드 종류에는 'Major 7, Major 6, minor 7, minor 6, 7, Augmented Major 7, Augmented 7, 7sus4, add2, minor7(♭5), min(Maj7), diminished 7 chord'가 있습니다.

* 3화음과 7화음의 코드 종류를 외우고 있는 것이 매우 중요합니다.

3 코드 옆 텐션 표기법

코드 옆에 텐션을 표기할 때에는 소괄호 안에 표기해 줍니다.

텐션을 가로로 나열할 때에는 작은 숫자부터 높은 숫자 순으로 왼쪽에서 오른쪽 진행 방향으로 나열합니다. 텐션을 세로로 나열할 때에는 작은 숫자를 아래에, 숫자가 높아질수록 위쪽에 표기합니다.

ex) C7(9, #11, 13) / C7 (♭13, #11, ♭9)   ex) C7($\begin{smallmatrix}13\\\#11\\9\end{smallmatrix}$) / C7($\begin{smallmatrix}♭9\\\#11\\13\end{smallmatrix}$)

(O)   (X)   (O)   (X)

4 코드의 전위 Inversion

* 코드의 Bass음을 코드 구성음 중에 선택해서 바꿔 줄 때에는 Slash(/) 기호를 사용하여 분수코드로 표기해 줍니다.

ex) CM7/E, CM7/G, CM7/B

Rhythm Slash

리듬에 기둥과 꼬리가 있는 Slash와 기둥과 꼬리가 그려져 있지 않은 Slash가 있습니다. 특별히 연주자에게 요청하고 싶은 리듬이 있을 때에는 기둥과 꼬리를 이용해 표기해주고 그렇지 않을 때엔 Slash 표기만 해줍니다. 그리고 Slash로 표기했다는 것은 코드 보이싱은 연주자의 재량에 맡기는 것을 의미합니다.

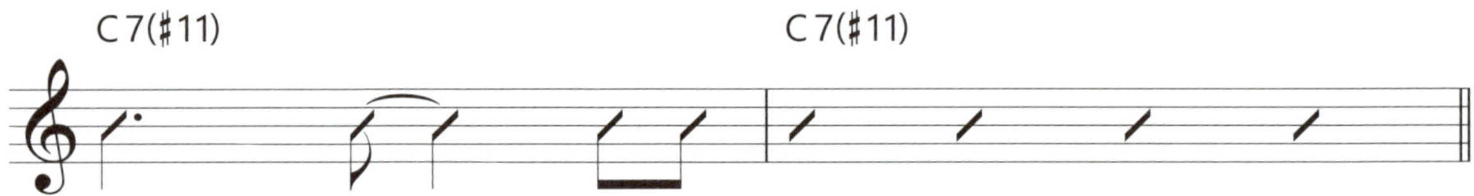

* 코드는 반드시 리듬의 첫 노트 위에 맞추어 표기해 주어야 합니다.

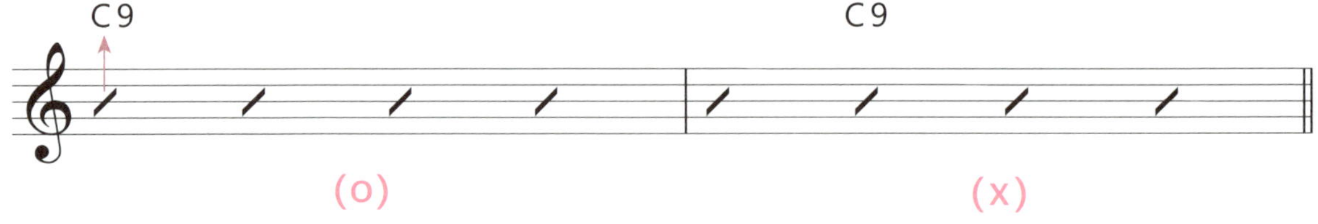

보이싱 Voicings – 코드의 구성음을 배열하는 방법

* 세 개 이상의 음들의 기둥 방향을 정해줄 때에는 오선 중 가운데 줄을 기준으로 하며, 가운데 줄을 포함하여 그 위의 음들이 많으면 기둥 방향을 밑으로 내려주고 가운데 줄보다 낮은 음들이 많으면 기둥 방향을 위로 그려줍니다.

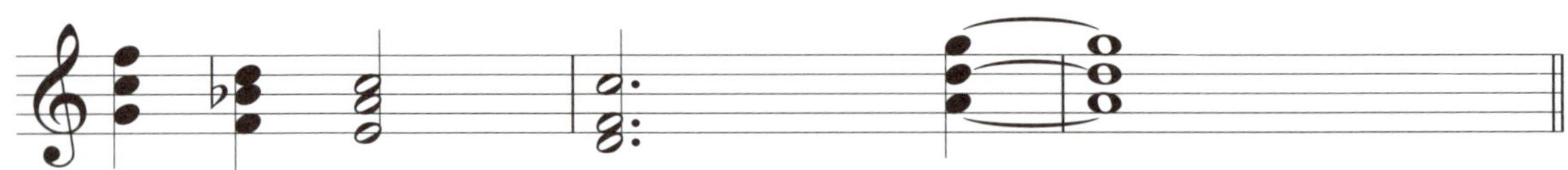

7 붙어있는 음

예를 들어 '도, 레', '미, 파' 처럼 두 음이 한 코드 보이싱에 같이 올 때, 두 음 중 더 높은 음이 오른쪽에 위치하도록 배열합니다. 또한 두 음 중 높은 음이 항상 기둥의 오른쪽에 오도록 배치합니다.

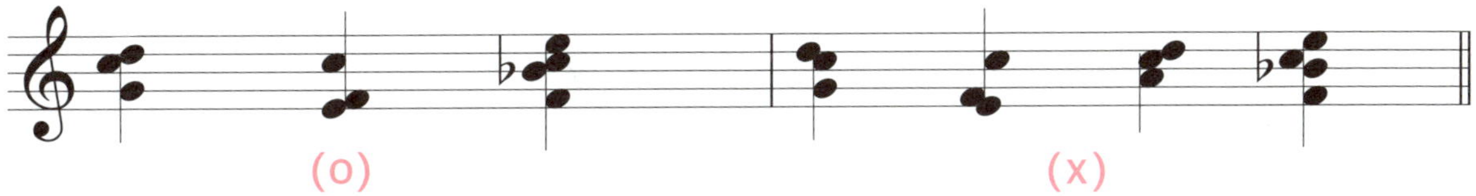

* 점을 찍어야 할 때 같은 위치에 점이 놓이게 되는 상황이 오면 같은 칸에 점을 두 개 놓지 않고 점 하나를 반 칸 아래로 양보해서 찍어줍니다.

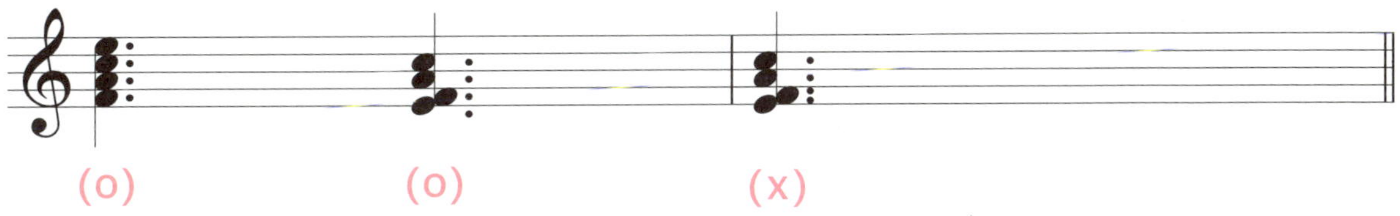

* 점의 위치는 음의 위치와 관계없이 수직으로 일정하게 나열되어야 합니다.

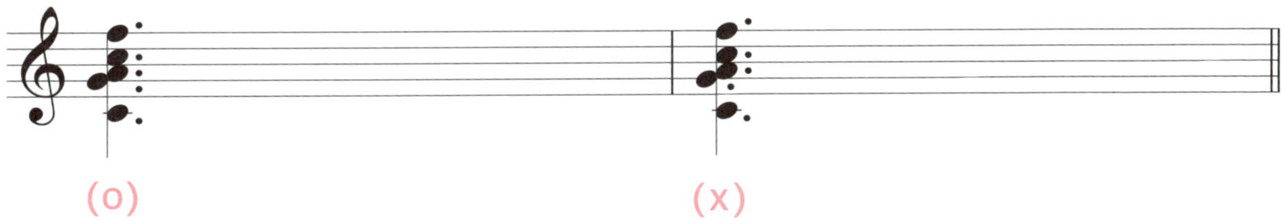

* 두 개의 분리된 각각의 보이싱이 있을 때 두 기둥을 기준으로 해서 가운데를 맞추는 것이 아니라 두 코드의 큰 틀을 보고 무슨 코드인지 파악 후에 음의 머리를 기준으로 가운데를 맞춰줍니다.

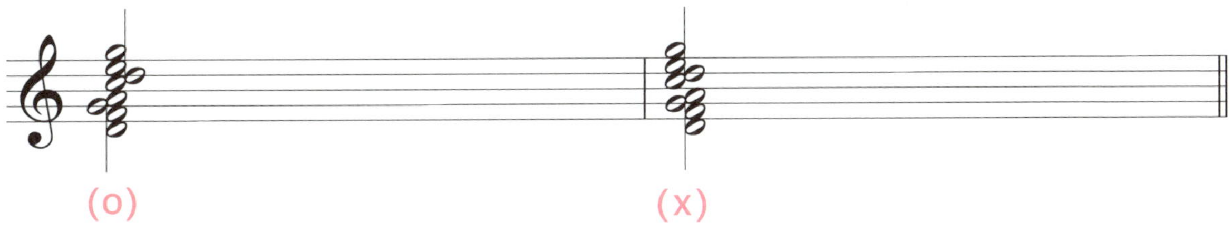

8 임시표의 위치

가장 높은 음과 가장 낮은 음의 임시표의 거리가 7도 미만이면 낮은 음의 임시표를
높은 음의 임시표보다 왼쪽에 위치시켜줍니다. 가장 높은 음과 가장 낮은 음이 7도
이상 벌어져 있으면 수직으로 봤을 때 임시표를 같은 위치에 놓아줍니다.

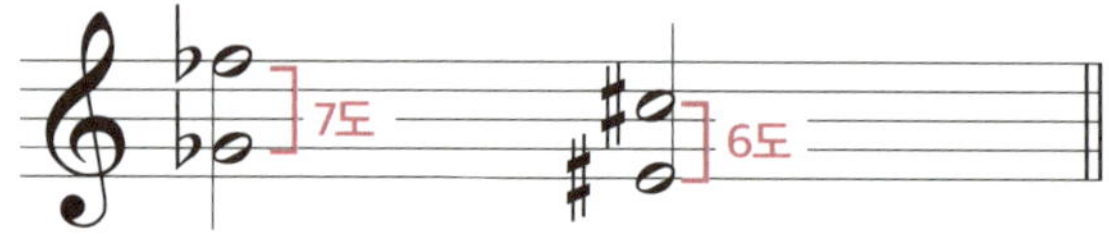

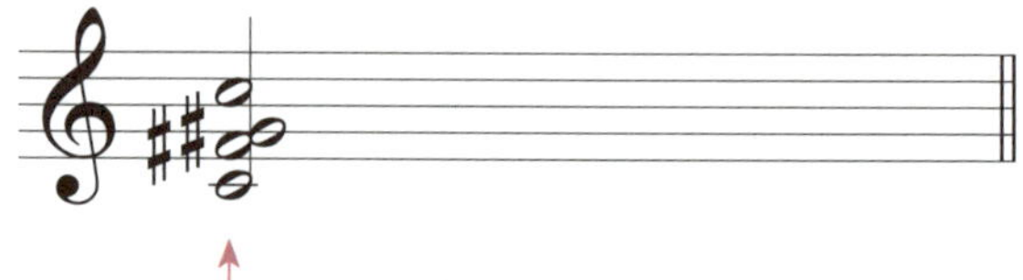

두 음이 나란히 놓여있을 때에는 낮은 음의 임시표를
왼쪽에 위치시켜줍니다.

9 Octave 표기법

* '8va'는 그려진 음보다 실제로는 한 옥타브 높은 음을 연주함을 의미합니다. 'Loco'는 '원래 위치에서'
  라는 뜻을 가지고 있습니다.

* '8va. Bassa' 또는 '8vb'는 그려진 음보다 실제로는 한 옥타브 낮은 음을 연주함을 의미합니다. 실제 연
  주할 음의 위치보다 한 옥타브 낮게 음을 그려주어야 한다는 의미입니다.

* '15ma'와 '15ma basso'는 각각 실제로 2 옥타브 위의 음, 2 옥타브 아래의 음을 연주하라는 의미입니다.

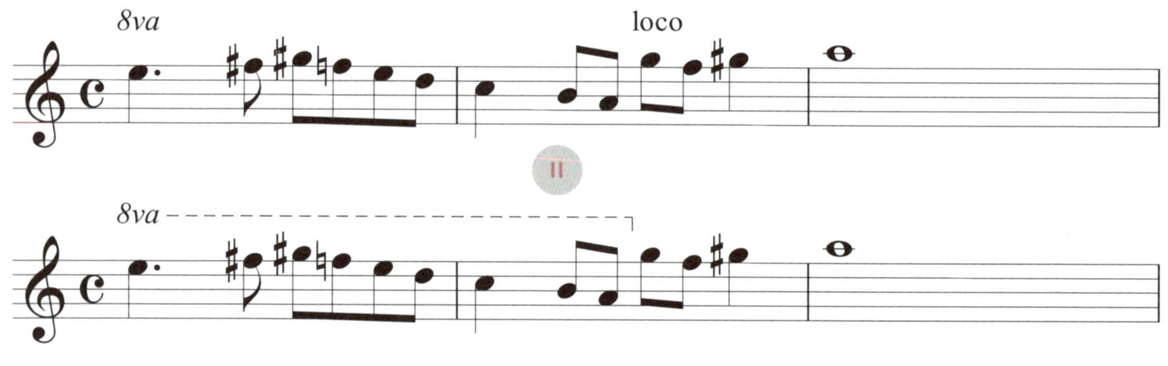

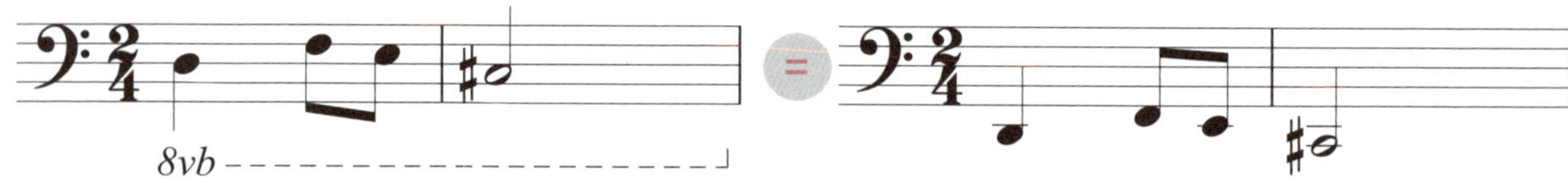

* '8va'와 '15ma'는 높은음자리표에서만 사용합니다.

* '8vb'와 '15 ma basso'는 낮음음자리표에서만 사용합니다.

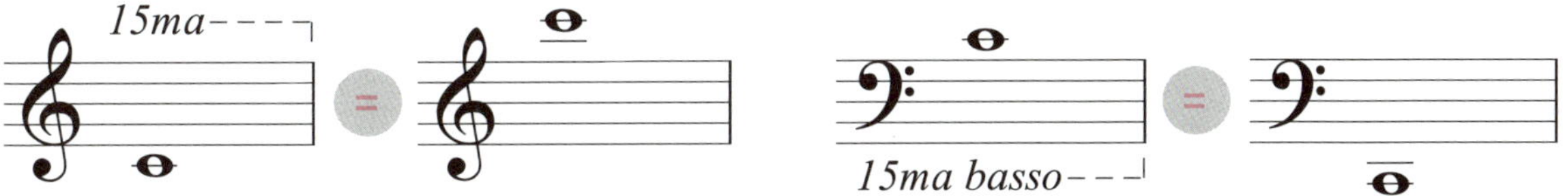

1. 3화음 코드 종류를 모두 적어보세요.

2. 7화음 코드 종류를 모두 적어보세요.

3. 다음 코드의 잘못된 부분을 바르게 고쳐보세요.

① B^{7+} =   ② $G\#M$ =   ③ $C{-}7^{(ADD9)}$ =

④ E^{2} =   ⑤ Db^{5} =   ⑥ $D7$ =

⑦ $F{\triangle}7$ =   ⑧ Gm =   ⑨ $E^{\flat}6/9$ =

⑩ $B^{\flat}{-}(\triangle 7)$ =   ⑪ $F\#7sus$ =   ⑫ $A\left(\begin{smallmatrix}-13\\+9\end{smallmatrix}\right)$ =

⑬ $D^{\flat}(NO\ F)$ =   ⑭ $C\#7\left(\begin{smallmatrix}\flat 9\\\flat 13\end{smallmatrix}\right)$ =   ⑮ $A^{\flat\phi 7}$ =

⑯ $A^{\flat}7(13,\ \#11)$ =

4. 주어진 옥타브 사인을 이용해 음의 위치를 다시 알맞게 그려보세요.

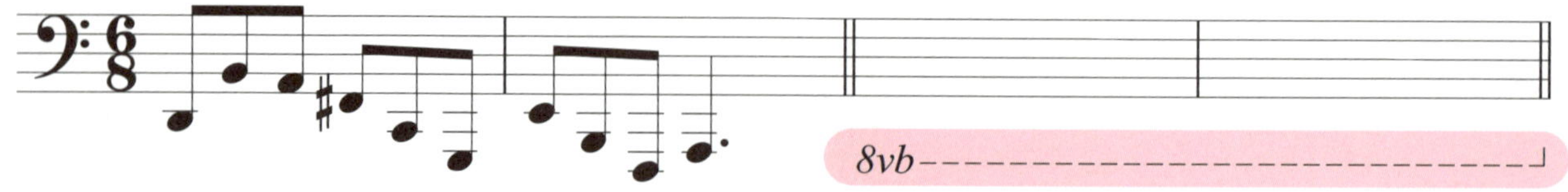

5. 다음 악보에 표기된 '기둥의 위치', '점의 위치와 개수', '임시표'를 아래 비어있는 악보에
   다시 바르게 그려보세요.

1 Dynamic의 표기 위치

오선 악보가 작은 보표일 때에는 다이나믹 표기를 오선 바로 아래에 합니다.

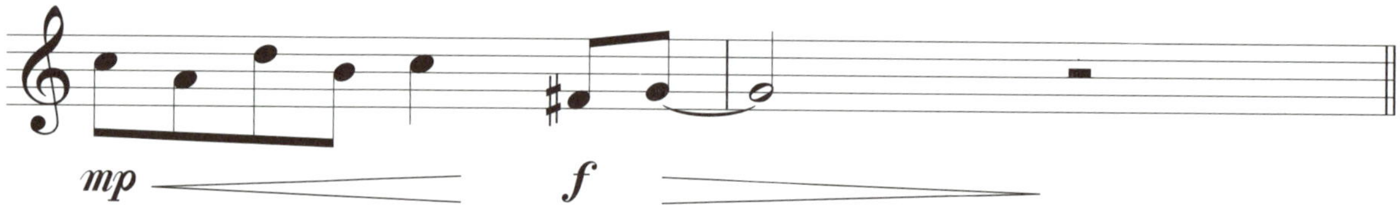

* 오선악보가 큰보표일 때에는 각각 작은 보표의 음이나 기둥에 겹치지 않도록 큰보표의 가운데 빈 공간에 다이나믹 표기를 합니다.

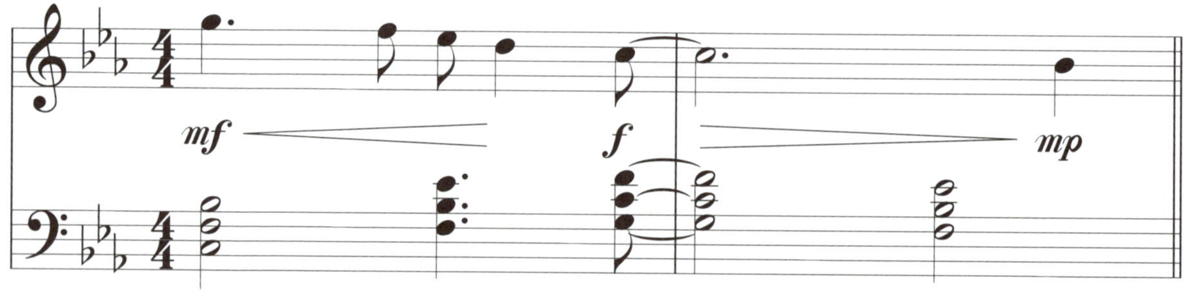

* 다이나믹 표기는 절대 오선보표 안으로 들어가거나 다른 음의 표시 기호들과 겹치면 안됩니다.

2 Dynamics Level (악상의 강도, 세기) 표기 방법

* (*p, mp, mf, f*), (*P, MP, MF, F*): 악상은 전부 소문자로 표기합니다.
    (O)   (X)

Level	Dynamics	이탈리아어	[발음]	뜻
Lv.1	*ppp*	*pianississimo*	[피아니시시모]	아주 매우 부드럽게 (작게, 약하게)
Lv.2	*pp*	*pianissimo*	[피아니시모]	매우 부드럽게 (작게, 약하게)
Lv.3	*p*	*piano*	[피아노]	부드럽게게 (작게, 약하게)
Lv.4	*mp*	*mezzo- piano*	[메조 피아노]	중간 정도로 부드럽게 (작게, 약하게)
Lv.5	*mf*	*mezzo-forte*	[메조 포르테]	중간 정도로 크게
Lv.6	*f*	*forte*	[포르테]	크게
Lv.7	*ff*	*fortissimo*	[포르티시모]	매우 크게
Lv.8	*fff*	*fortississimo*	[포르티시시모]	아주 매우 크게

3 Dynamic을 나타내는 용어(7가지)

1. crescendo(*cresc.*): 점점 크게

2. decrescendo(*decresc.*): 점점 작게

3. diminuendo(*dim.*): 점점 작게

4. *poco a poco*: 조금씩, 점진적으로

5. *molto*: 많이

6. *Sempre*: 항상, 일정하게

7. *Subito*: 갑자기

* 다이나믹 용어들은 오선 아래에 다이나믹이 달라질 때마다 표기해 줍니다. 또한 다이나믹 용어들은 소문자, 대문자 둘 다 허용됩니다.

예제)

p   cresc. – – – – – – – – – – – – – – – – *f*

mf   cresc. – *ff*

pp   cresc. – – – – – – – – poco a poco

p   molto cresc. – – – – – – – – – – – – – – – – – – – *fff*

mp   sempre

ff   subito *p*

4 | 고정 wedges

다이나믹이 2마디 미만으로 짧게 변동될 때, crescendo 또는 decrescendo의 기호
(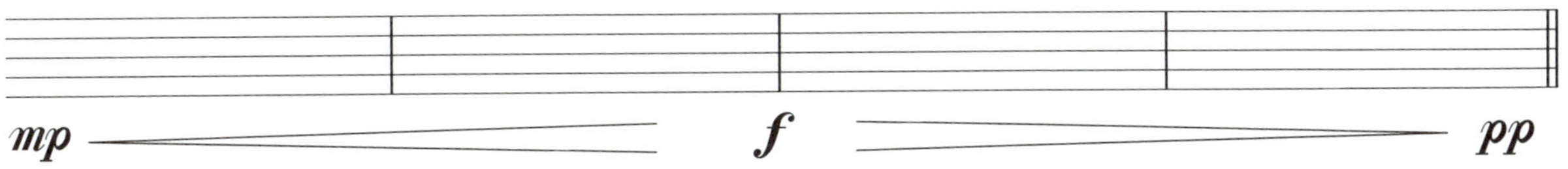)가 고정적으로 사용됩니다.

* 모든 다이나믹 표기 앞, 뒤에는 다이나믹 강도가 필수적으로 쓰여있어야 합니다.

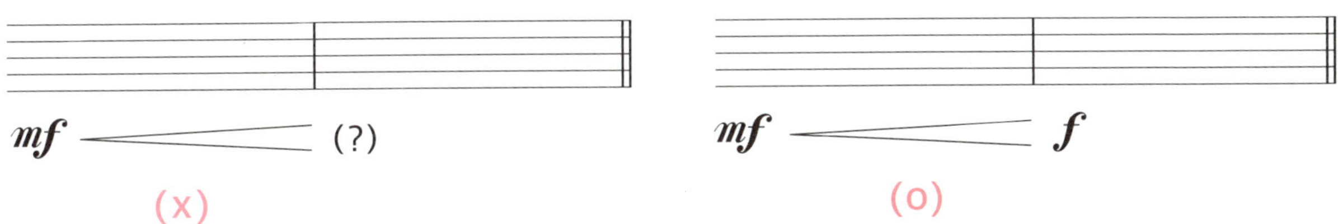

1. 다이나믹 강도와 용어를 오선 아래에 3번씩 똑같이 따라 쓰면서 암기해 보세요.

p *molto*

mf *poco a poco*

ff *subito*

mp *sempre*

ppp *cresc.*

2. 다이나믹 강도를 보고 두 개의 다이나믹 사이에 '기호'로 크레셴도와 데크레셴도를 표기해 보세요.

1) p	f	6) mf	p	11) f	ppp
2) p	ppp	7) mp	pp	12) mp	mf
3) mf	ff	8) fff	ff	13) ppp	pp
4) mp	f	9) pp	ff	14) ff	mp
5) f	mf	10) mf	f	15) pp	p

3. Dynamic 레벨을 Level. 1부터 Level. 8까지 순서대로 나열하고 각각 다이나믹의 뜻을 적어보세요.

Level	Dynamics	뜻

4. Dynamic을 나타내는 용어 7가지와 뜻을 적어보세요.

1.

2.

3.

4.

5.

6.

7.

1 아티큘레이션의 종류

1) Accent Marks(악센트 기호): 악곡의 특정한 자리가 강조되어 어떤 음을 다른 음보다 크고 힘있게 내는 것입니다. 악센트의 종류에는 두 가지가 있고 첫 번째 *forzato*(∧), 두 번째 *sforzando*(>)가 있습니다.

forzato(∧)가 더 강한 악센트를 나타냅니다.

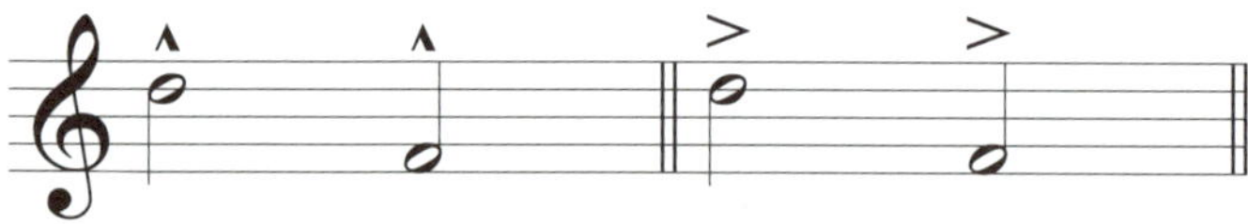

2) Staccato Marks(스타카토 기호): 악보에서 한음 한음씩 또렷하게 끊는 듯이 연주하라는 뜻입니다. 보통 그 음 길이의 1/4 길이만큼 연주합니다. 기호는 음표 위에 점을 찍어줍니다.

3) Legato, Tenuto Marks(레가토, 테누토 기호): 음의 길이를 충분히 길게 연주하라는 뜻입니다. '소스테누토'라고도 불립니다.

2 악센트, 스타카토, 레가토 마크의 위치

과거에는 악센트, 스타카토, 레가토 마크를 음의 기둥의 위치와 반대 방향으로 표기했지만 현재는 기둥의 방향과 상관없이 전부 음표 위에 표기해주는 것을 원칙으로 합니다.

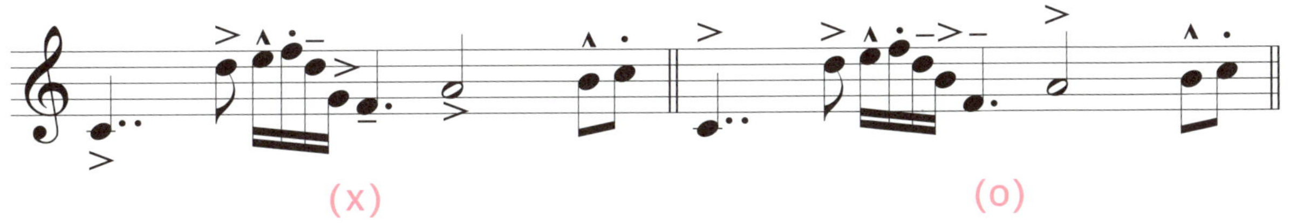

* 아티큘레이션의 표기는 음 위치부터 두 칸 위 혹은 두 줄 위에 표기해 주면 됩니다.

3 Slur(이음줄), Tie(붙임줄)

이음줄은 악보에서 둘 이상의 음을 끊지 않고 가능한 이어서 부드럽게 연주할 것을 지시하는 기호입니다. 붙임줄은 악보에서 높이가 같은 두 음을 끊지 않고 이어서 연주할 것을 지시하는 기호입니다. 같은 보표 내 같은 위치에서 음 높이가 같은 둘 이상의 음을 한 음표로 묶어 연결한 곡선이며 붙임줄로 연결된 음표들이 있으면 연결된 음표들의 총 길이만큼 연주해 주어야 합니다.

* 이음줄은 음들의 아래 혹은 위에 놓여야 하며 모든 음을 감싸 포함해 주어야 합니다.

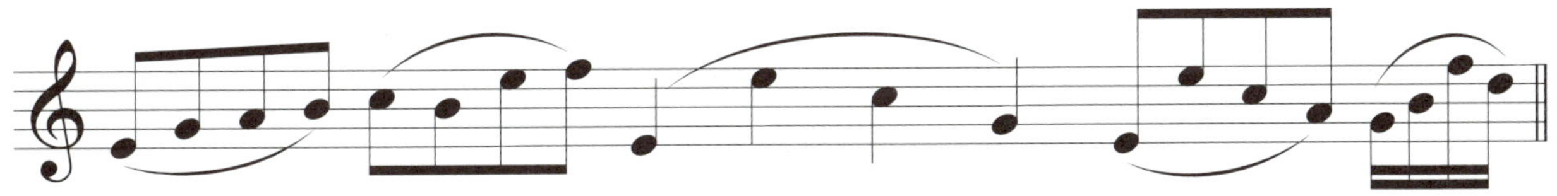

* 이음줄은 가장 왼쪽에 위치한 음부터 그 이음줄의 마지막 오른쪽에 있는 음까지만 포함해 줍니다. 마지막 음표의 길이가 유지되는 구간만큼 이음줄을 늘려서 길게 표기하지 않습니다.

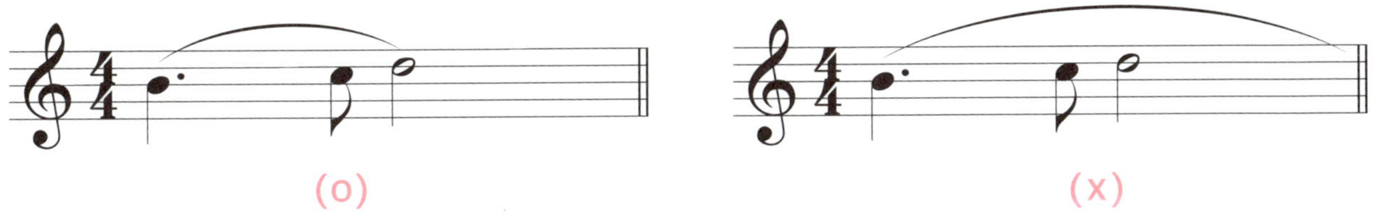

* 이음줄은 첫 번째 음의 기둥에 따라 방향이 정해집니다.

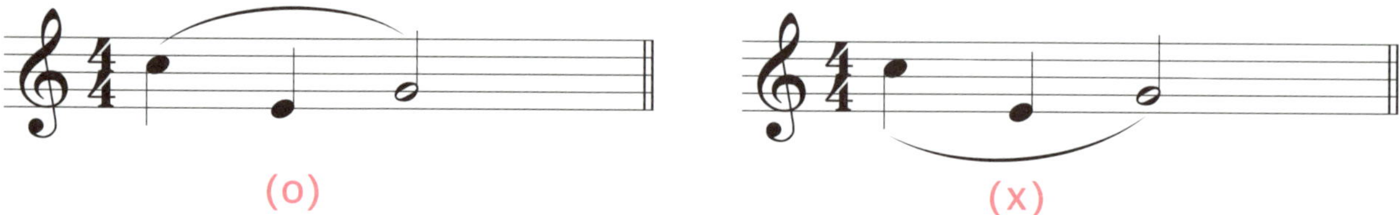

* 이음줄은 만약에 마지막 음이 붙임줄로 되어 있다면 그 음까지 포함시켜서 그려줍니다.

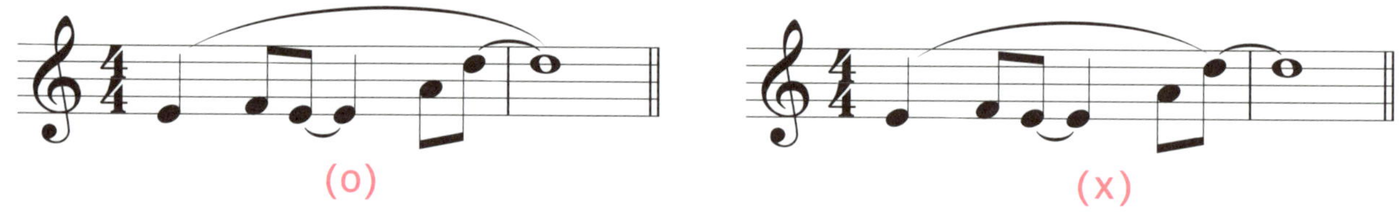

* 이음줄은 항상 다른 음표 기호나 악상기호와 겹치지 않도록 표기해 줍니다.

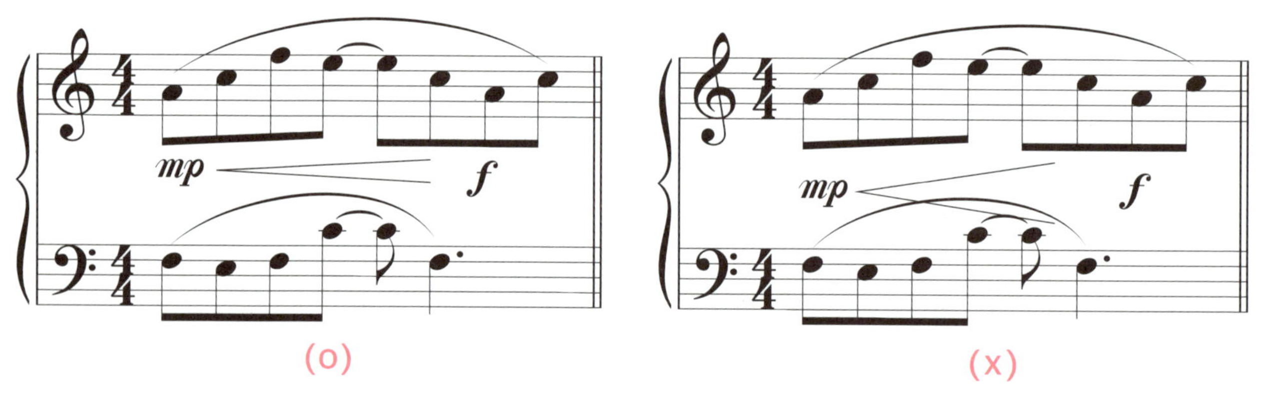

4 숨표

숨표는 작은 따옴표(,) 기호로 표기하며 항상 오선 위에 그려줍니다.

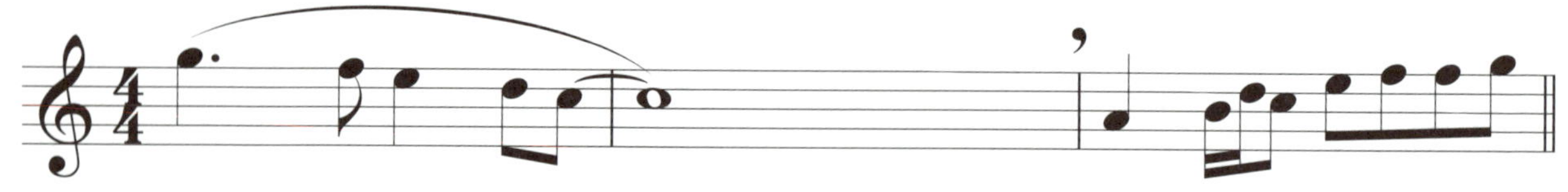

5 악센트 관련 용어

- sforzando > *sf* : 강하게, 공격적으로 (*ppp* ~ *mf*)

- forzato or forzando *fz* : 더 강하게, 공격적으로 (*mp* ~ *f*)

- sforzato ∧ *sfz* : 가장 강하게, 매우 공격적으로 (*mf* ~ *fff*)

* 아티큘레이션과 다이나믹 기호를 포함한 예시 악보입니다.

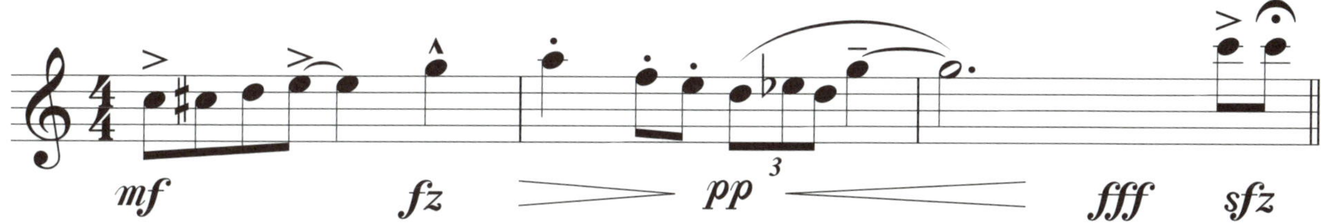

위의 예시를 주어진 오선에 똑같이 3번 따라 그려보세요.

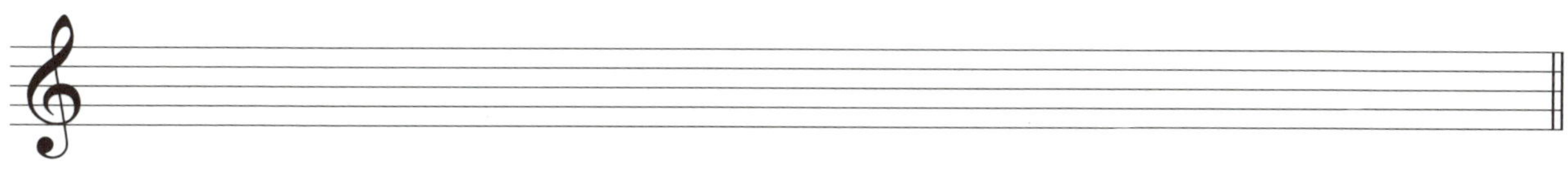

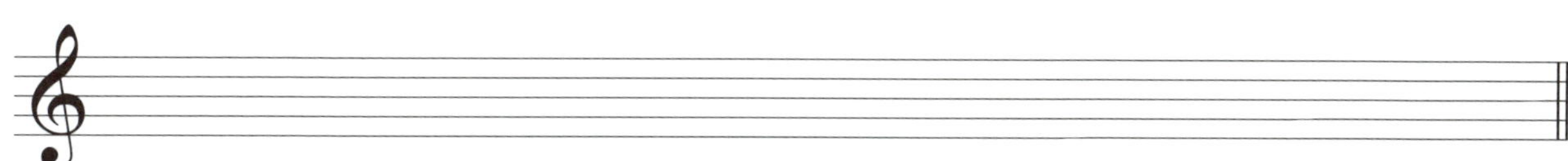

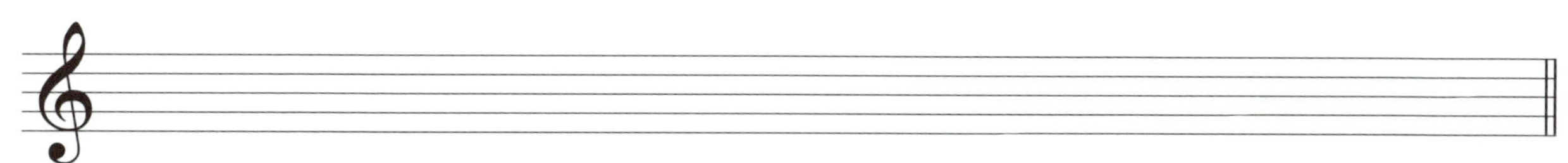

* 악센트와 스타카토, 레가토(=테누토) 기호의 결합

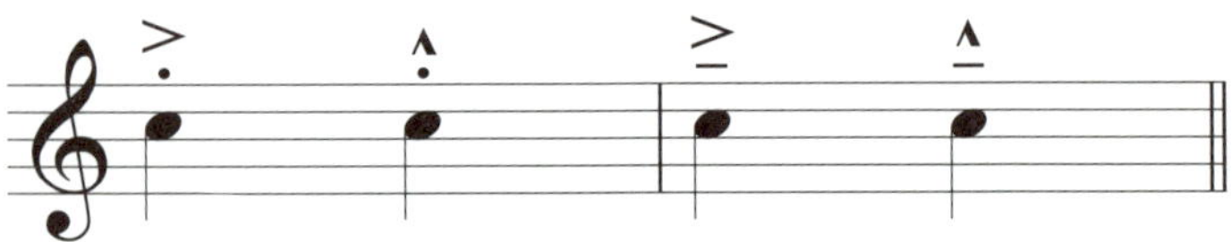

* 스타카토와 레가토(=테누토) 기호가 아래에, 악센트 관련 기호가 그 위쪽에 위치합니다.

* 악센트, 스타카토, 레가토(=테누토), 이음줄의 결합

* 악센트, 스타카토, 레가토(=테누토) 기호는 항상 이음줄과 음표 사이에 위치시킵니다. 붙임줄
  (=Tie)이 있을 때에는 이음줄과 다르게 붙임줄 위로 악센트, 스타카토, 레가토(=테누토) 기호들을
  표기해 줍니다.

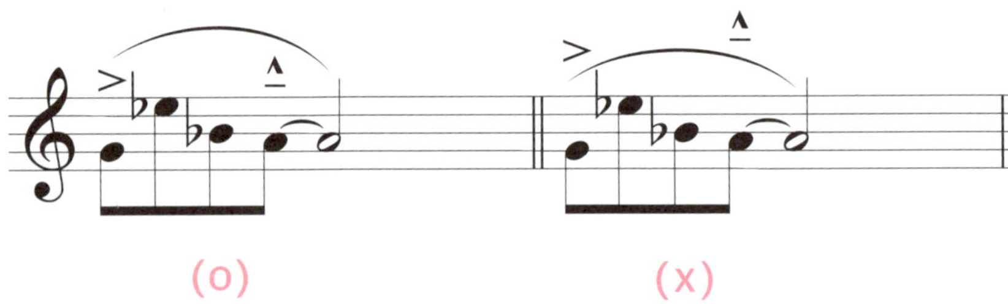

1. 다음 주어진 음에 각각 부여된 기호를 표기해 보세요.

2. 다음 주어진 각 예제들의 모든 음을 포함해 이음줄을 그려보세요(이음줄의 길이, 방향 체크하기).

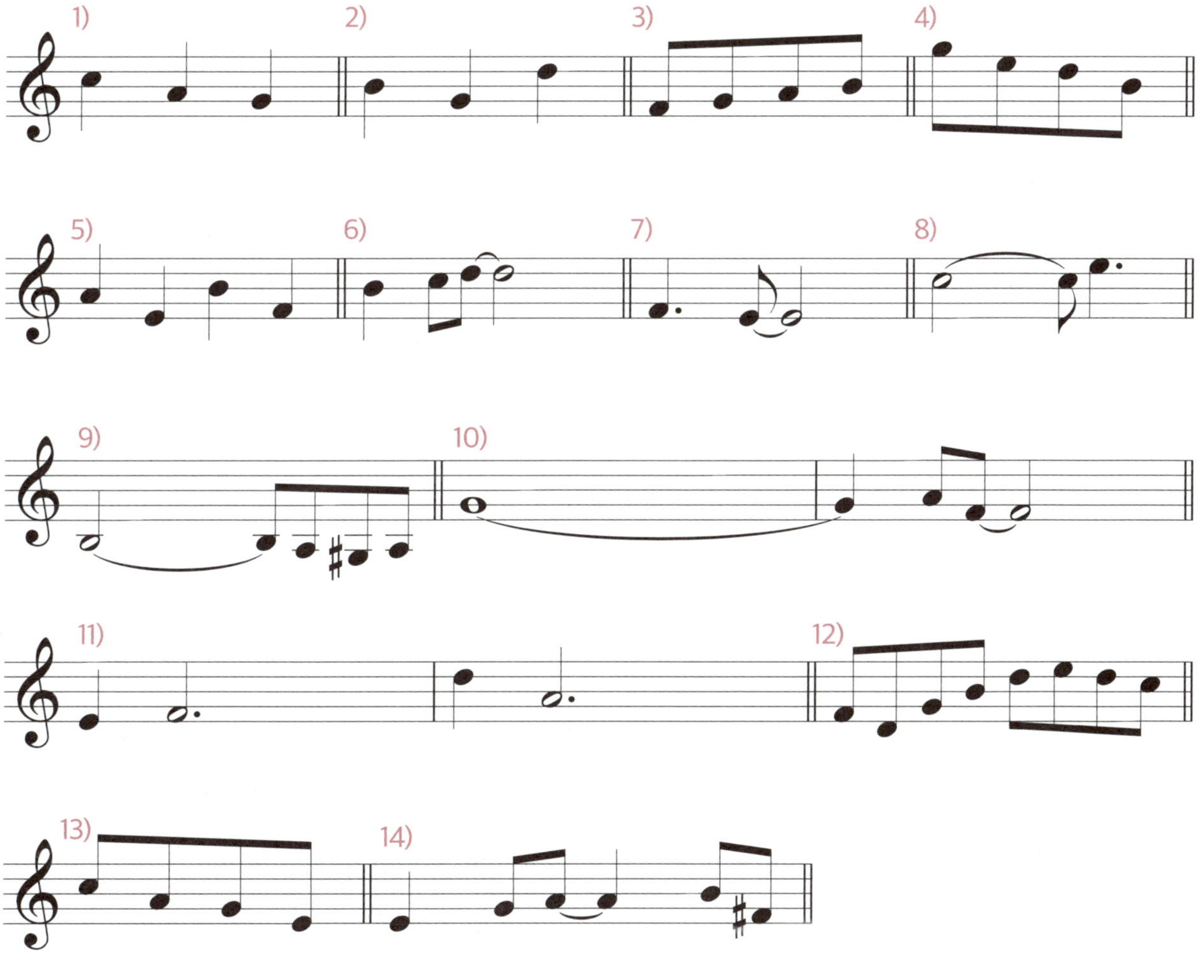

1　Portamento(포르타멘토 주법)

포르타멘토는 한 음과 다른 음 사이를 부드럽게 연결하는 주법입니다. 글리산도와 비슷해 보이지만 포르타멘토는 음과 음 사이의 음정을 정확하게 연주하지 않고 부드럽게 연결합니다. 다양한 악기에서 사용되는 연주법으로 현악기에서는 지판을 누르는 왼손손가락을 슬라이딩하듯이 움직여 포르타멘토를 연주하고 관악기에서는 입술의 모양을 변화시켜 포르타멘토를 연주합니다.

* 포르타멘토 표기법
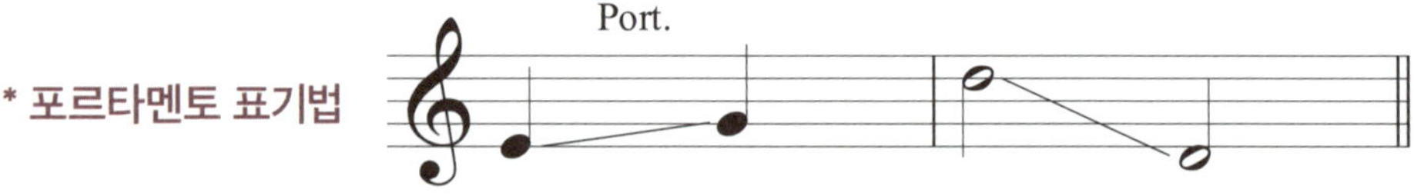

2　Glissando(글리산도 주법)

글리산도는 한 음과 다른 음 사이를 반음계씩 단계적인 변화를 주며 빠르게, 달리듯이 연주하는 연주법입니다.

* 글리산도 표기법
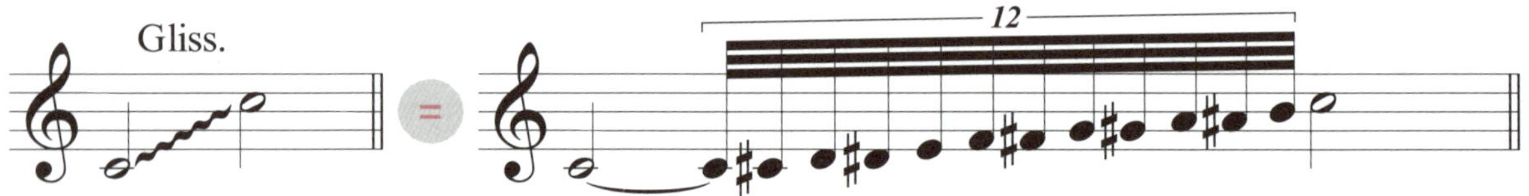

3　Trills(트릴 주법)

트릴은 서로 다른 두 음을 빠르게 왕복하는 연주법입니다. 보통 기보되어 있는 음과 바로 위의 음을 정해진 박 안에서 빠르게 번갈아가며 연주합니다

* 트릴 표기법

4 ｜ Tremolos(트레몰로 주법)

트레몰로는 한 음을 빠르게 반복적으로 연타하거나 두 음을 빠르게 교대로 연주하는 것을 뜻합니다. 트릴과 헷갈릴 수 있는데 트릴은 한 음과 2도 차이 나는 음을 빠르게 연주할 때 쓰이며 그 외의 연주는 트레몰로라고 보면 됩니다.

***트레몰로 표기법**

위의 예제를 3번 따라 그려보세요.

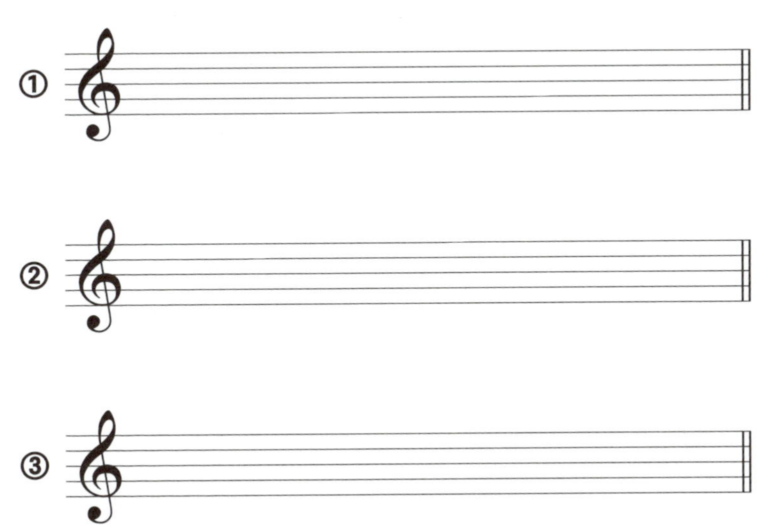

*** 트레몰로 연주법**

트레몰로는 한 음(Single Note)이던 두 음 이상이던 빗금의 개수가 꼬리의 개수가 됩니다. 꼬리의 개수와 그려져 있는 음표의 박을 일치하도록 계산해서 답이 나온 길이만큼만 연주합니다.

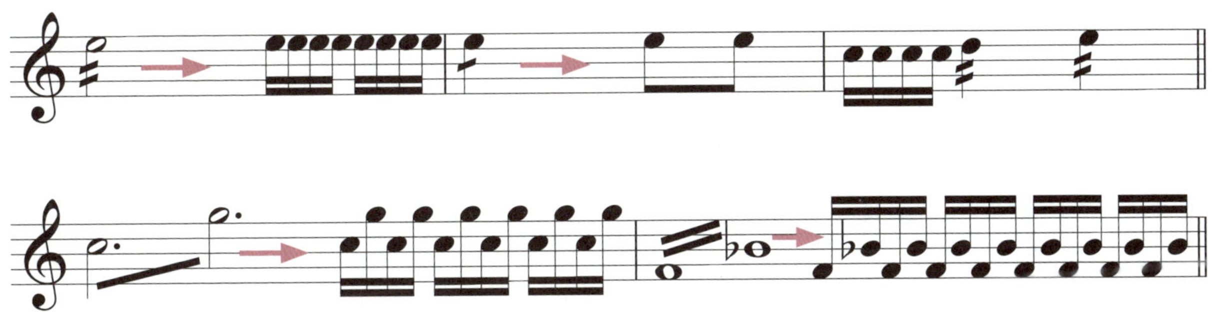

Grace Notes(꾸밈음)

* 악곡에 여러가지 변화를 주기 위해 어떤 음을 장식하는 데 사용하는 음을 말합니다. 작은 음표 또는 특정된 기호(꾸밈표)로 표기합니다.

* 꾸밈음이 하나일 때에는 보통 8분음표로 표기하며 꾸밈음의 기둥과 꼬리를 왼쪽 아래부터 시작해 오른쪽 위로 가로질러 슬래시(Slash) 기호로 표기해 줍니다.

아래 중 맞는 예제를 3번 따라 그려보세요.

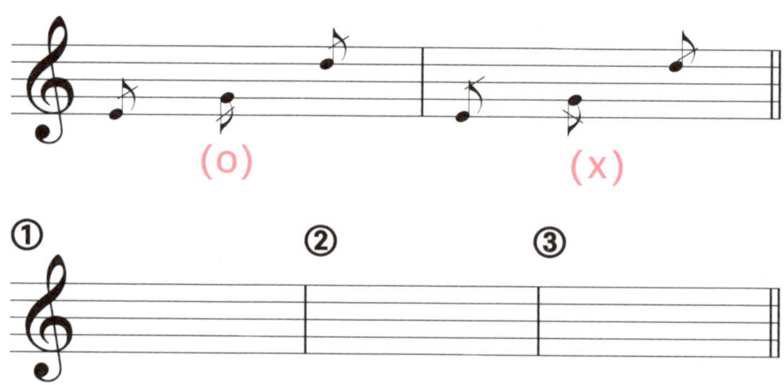

* 꾸밈음이 2개 혹은 3개일 때에는 16분음표로 표기해 줍니다.

아래의 예제를 3번 똑같이 따라 그려보세요.

* 꾸밈음이 4개 혹은 그 이상일 때에는 32분음표로 작게 표기해 줍니다.

아래의 예제를 3번씩 따라 그려보세요.

① 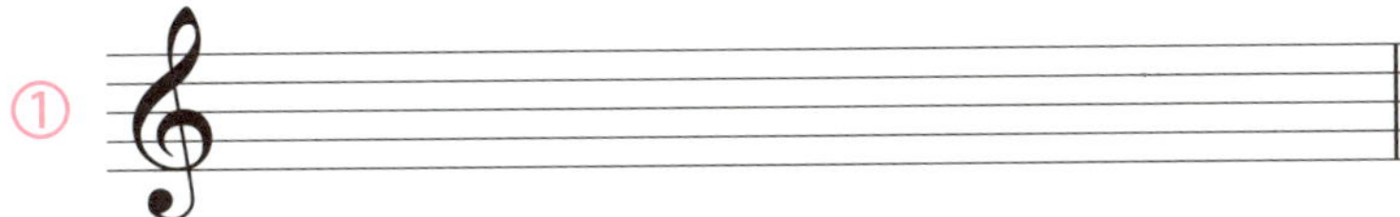

② 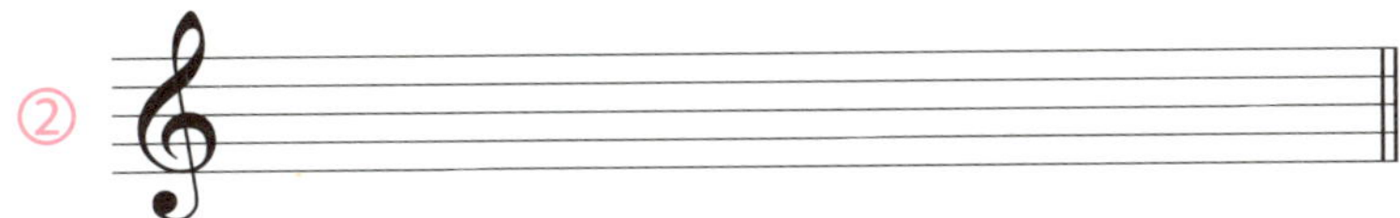

③ 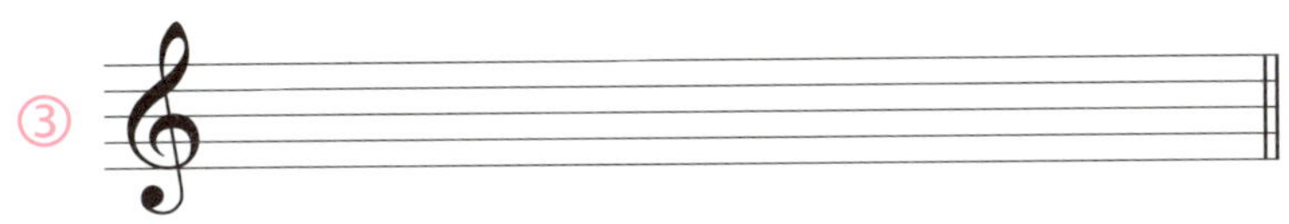

*꾸밈음이 하나일 때 이음줄은 기둥의 방향과 반대로 그려줍니다.

*한 오선보를 두 악기가 연주해야 할 시에 이음줄은 꾸밈음과 기존 음표의 기둥을 모두 포함시켜 표기해 줍니다.

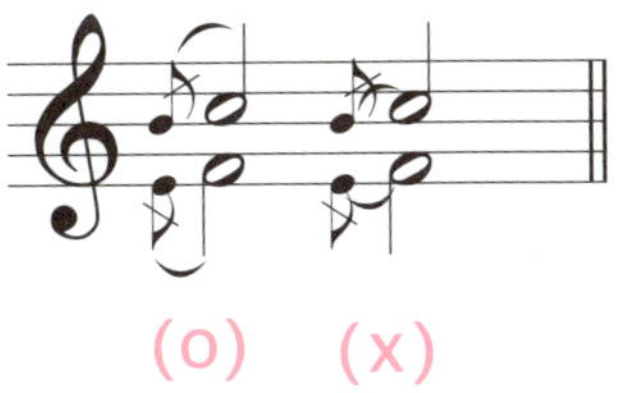

* 꾸밈음의 이음줄은 덧줄에 겹치지 않게 표기해 주어야 가독성이 높아집니다.

Arpeggios(아르페지오 주법)

아르페지오란 코드를 동시에 누르지 않고 한 음씩 펼쳐서 연주하는 주법으로 클래식 용어로는 '펼침화음'을 뜻합니다.

*아르페지오 표기 방법

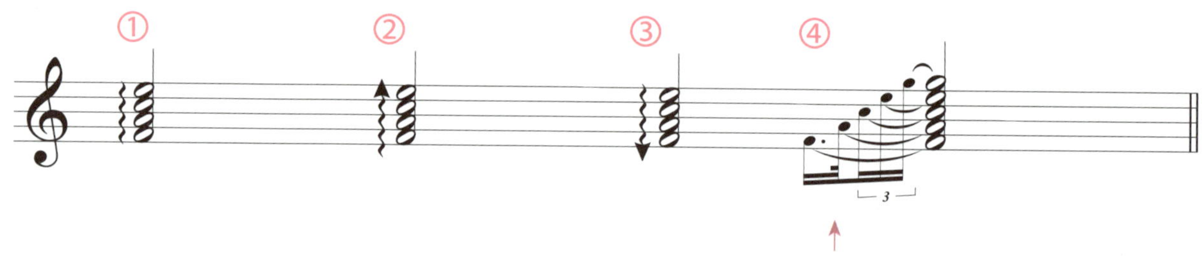

리듬이 있는 아르페지오를 표기할 때에는 리듬과 보이싱을 그린 후 붙임줄로 붙여주어야 합니다.

위의 아르페지오 예제를 3번씩 따라 그려보세요.

7 Turns(턴 주법)

바로크 음악 시대의 연주 기법으로 멜로디를 풍부하게 하는 장식음입니다. Turn 기호는 '∾' 로 표기되며 아래의 예제를 통해 '음의 연주 순서'를 배워볼 수 있습니다.

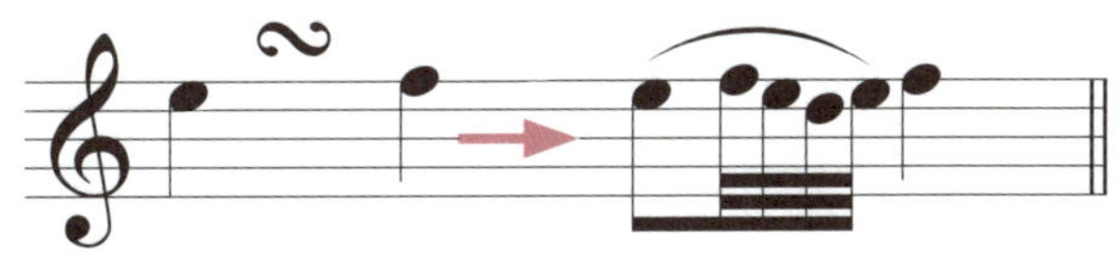

* 임시표가 턴 기호의 위나 아래에 붙어있을 때에는 아래와 같이 연주합니다.

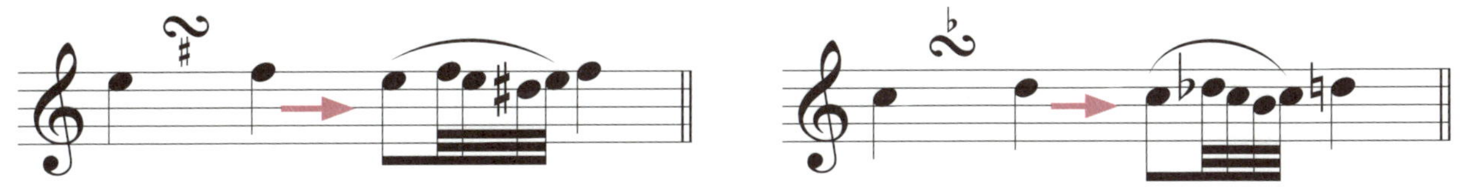

8 Bends(밴드 주법)

밴드 기호는 '‿' 로 표기되며 밴딩 기법은 신디사이저에서는 모듈 휠을 이용하고 관악기는 호흡을 이용하여 표현하며 현악기는 지판을 이용하여 원래 음을 반음, 온음 혹은 반음과 중간 피치(pitch) 음을 거쳐 원래 표기된 음으로 돌아가는 기법을 뜻합니다.

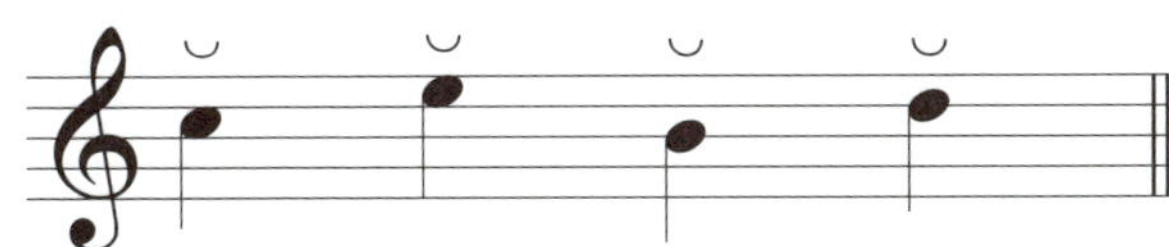

1. 주어진 음에 지시된 장식 기호를 표기해 보세요.

① Portamento(포르타멘토)

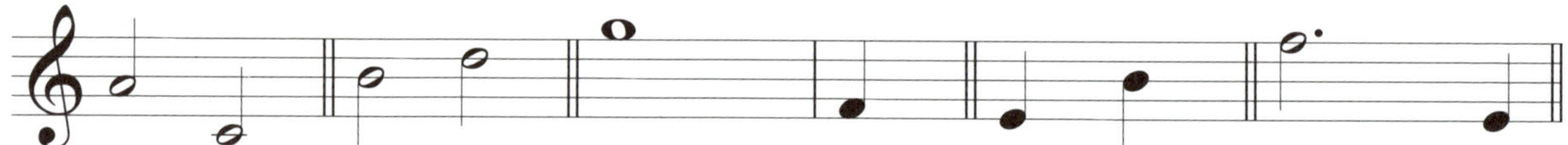

② Glissando(글리산도)

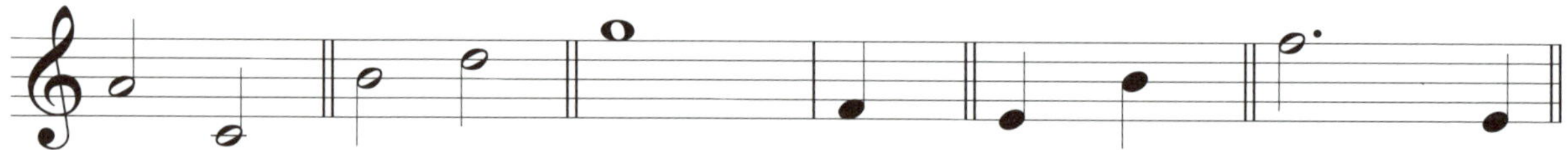

③ Trill(트릴)

④ Turns(턴)

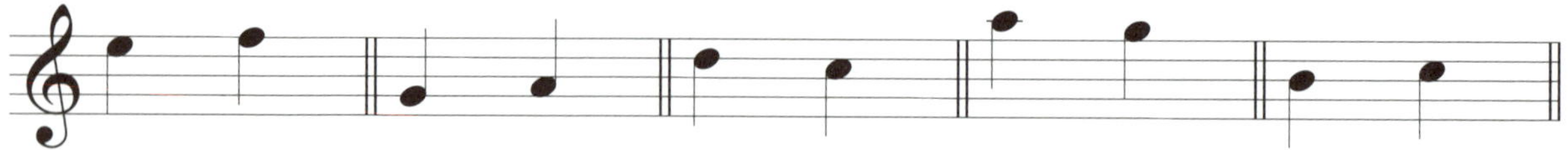

⑤ Bends(밴드)

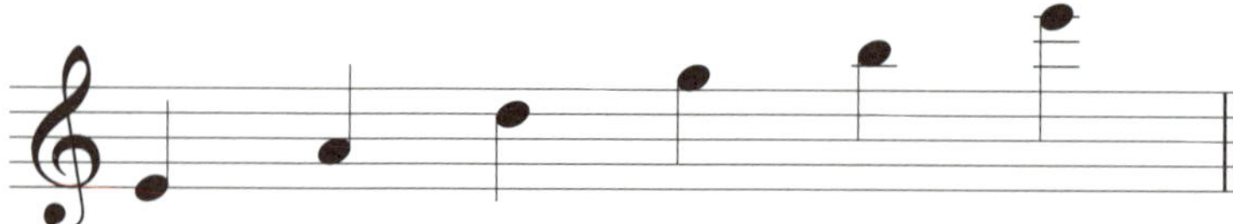

2. 다음 예제에서 잘못 표기된 부분을 바르게 고쳐 아래 비어있는 오선보에 다시 그려보세요.

9 사보 프로그램 - 시벨리우스, 피날레, 뮤즈스코어

기보법은 직접 손으로 악보를 그리는 방법과 컴퓨터에 내장된 프로그램을 이용해 악보를 사보하는 방법 이렇게 두 가지 방법이 있습니다. 그 중 통상적으로 많이 사용하는 프로그램으로는 '시벨리우스', '피날레', '뮤즈스코어' 3가지가 있습니다.

각 프로그램에 대해 간단히 설명하자면 '뮤즈스코어'는 무료로 사용할 수 있는 프로그램으로 초보자도 쉽게 쓸 수 있도록 직관적으로 설계되어 있어 유튜브 등의 플랫폼을 통해 조금만 공부해도 금방 이해할 수 있어 쉽게 접근할 수 있습니다. 최근에 사보 프로그램을 처음 접하는 학생들이 가장 많이 쓰는 프로그램입니다.

'시벨리우스'와 '피날레'는 조금 더 전문적으로 공부해야 사용하기 편한 프로그램으로 보통 정식으로 대학 학부 강의에서 전공필수 과목으로 채택되어 있거나 전공선택 과목으로 배우고 난 후에 사용하게 됩니다.
사보 프로그램 입문자에게는 '뮤즈스코어'를 추천하며 더불어 '시벨리우스'와 '피날레' 프로그램까지 다룰 수 있게 된다면 컴퓨터를 이용한 악보 제작 시 더할 나위 없이 큰 도움이 될 것입니다.

시벨리우스

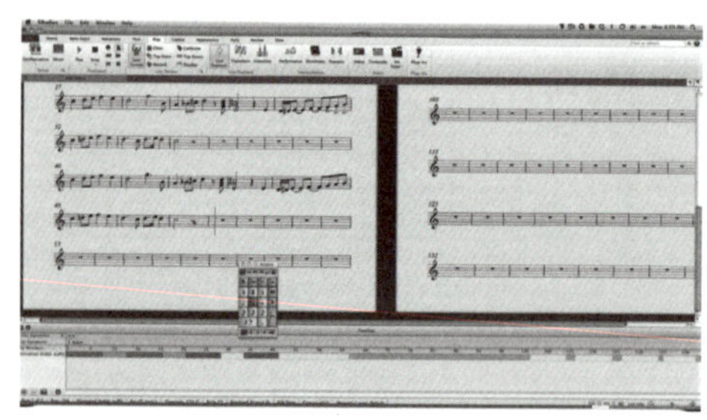

뮤즈스코어

피날레

1주차 문제 해답

1)

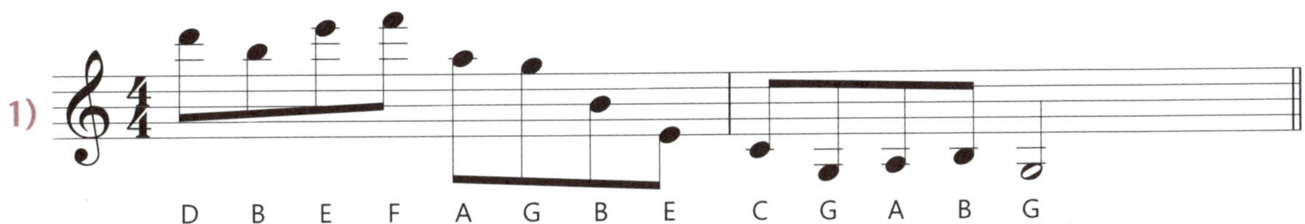

2)

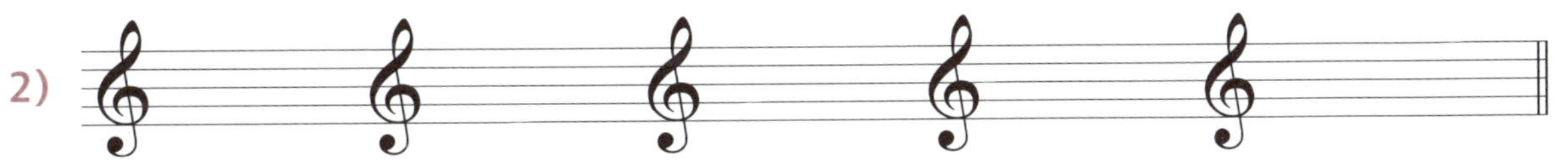

3)

4)

5)

6)

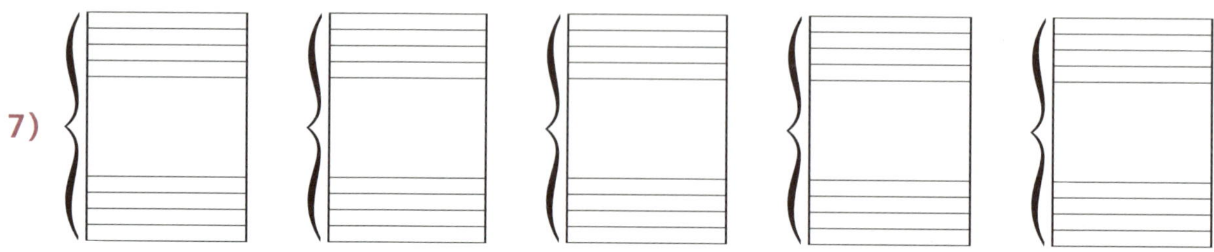

*음 선택은 자유이기 때문에 어떤 음이어도 정답입니다.
 다만 음의 머리는 타원형이 되어야 합니다.

1) 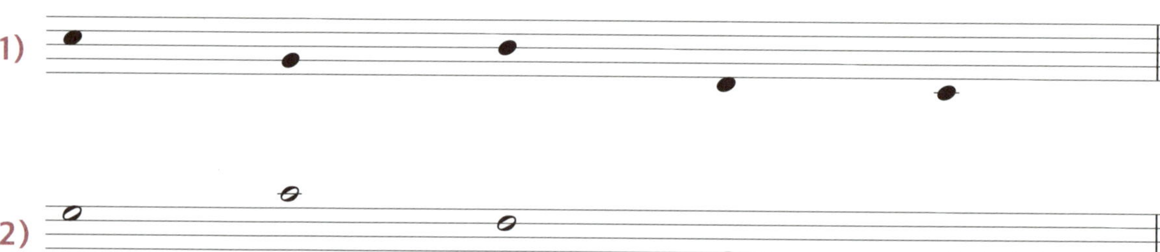

2)

3) 

4)

5) 

6) 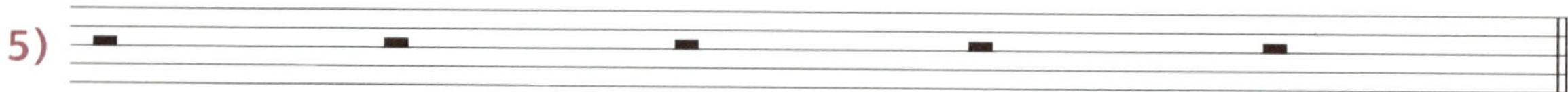

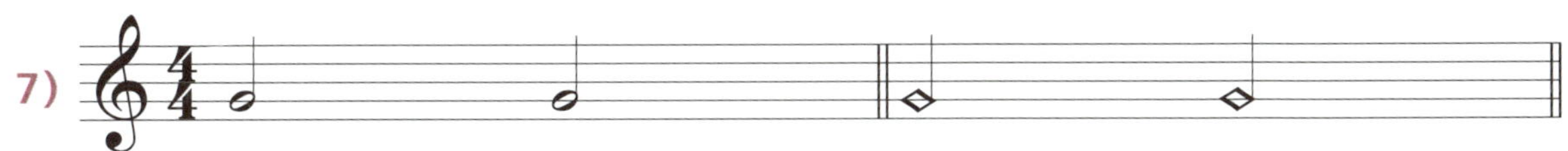

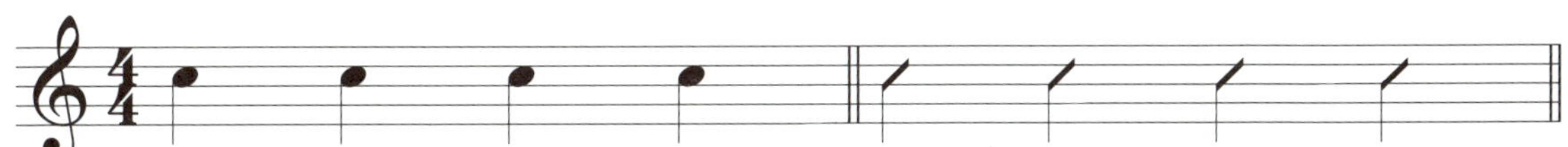

3주차 문제 해답

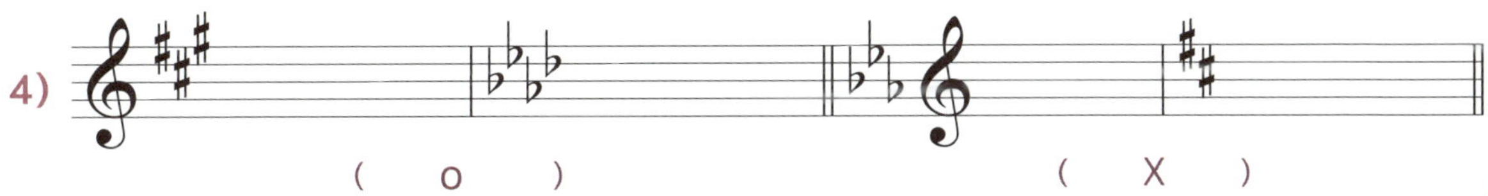

(O)
(X)

1)

① Piano
Piano
②Synthesizer
Synthesizer
③Trombones
Trombone 1.
Trombone 2.
④Percussion 1&2
Percussion 1.
Percussion 2.
⑤Harp
Harp
⑥Guitar 1&2
Guitar 1.
Guitar 2.

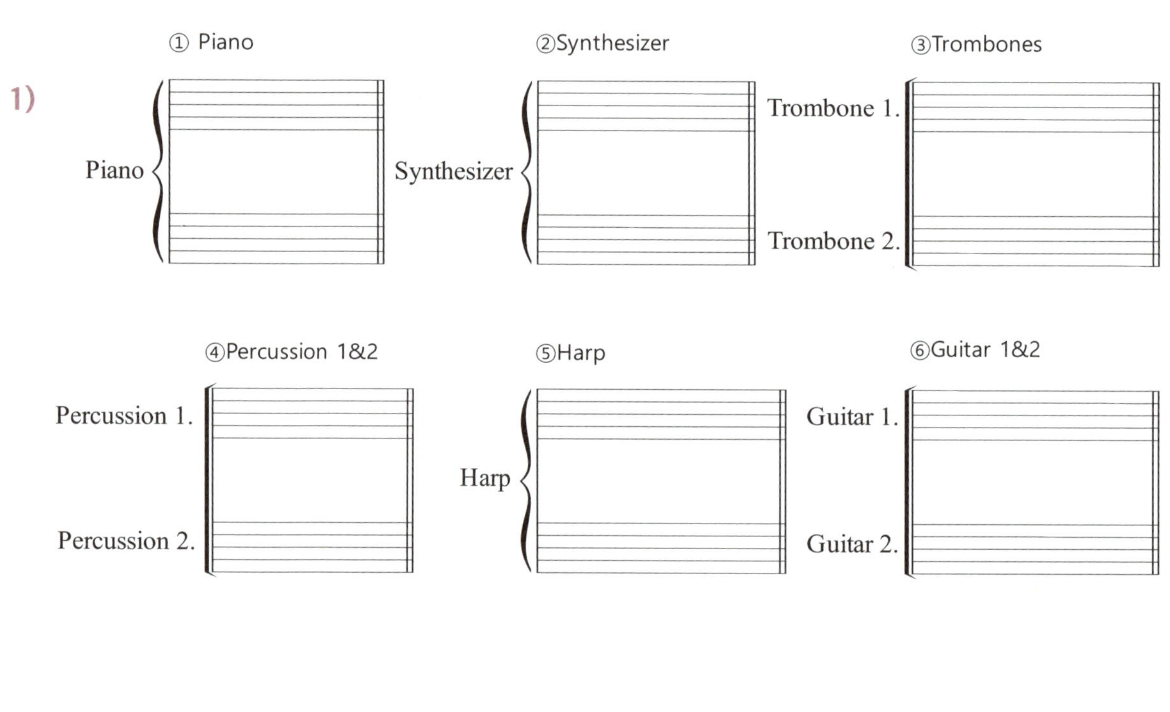

2)

* 둘 다 정답입니다.
1)
* 둘 다 정답입니다.
2)

8주차 문제 해답

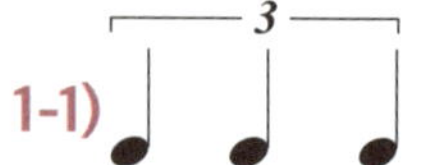

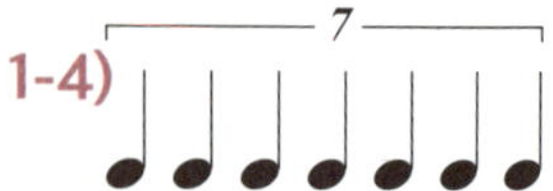

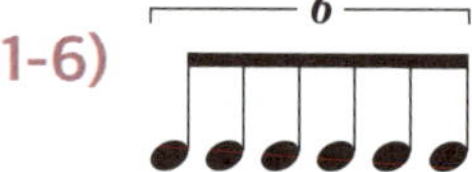

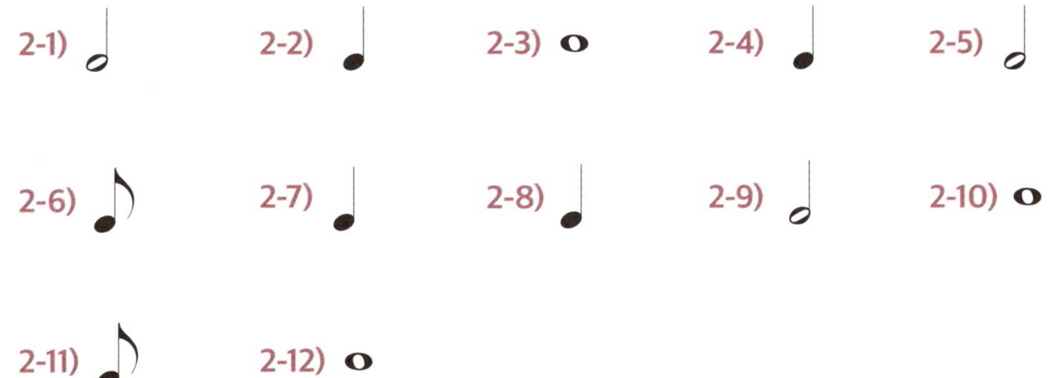

9주차 문제 해답

1)

2)

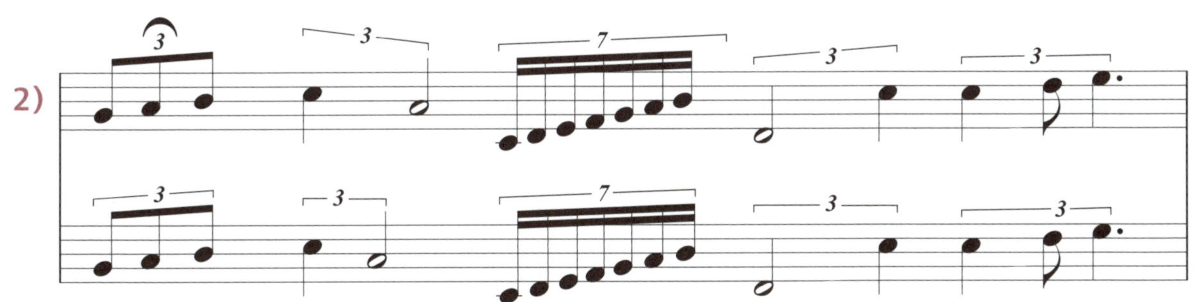

🍀 10주차 문제 해답

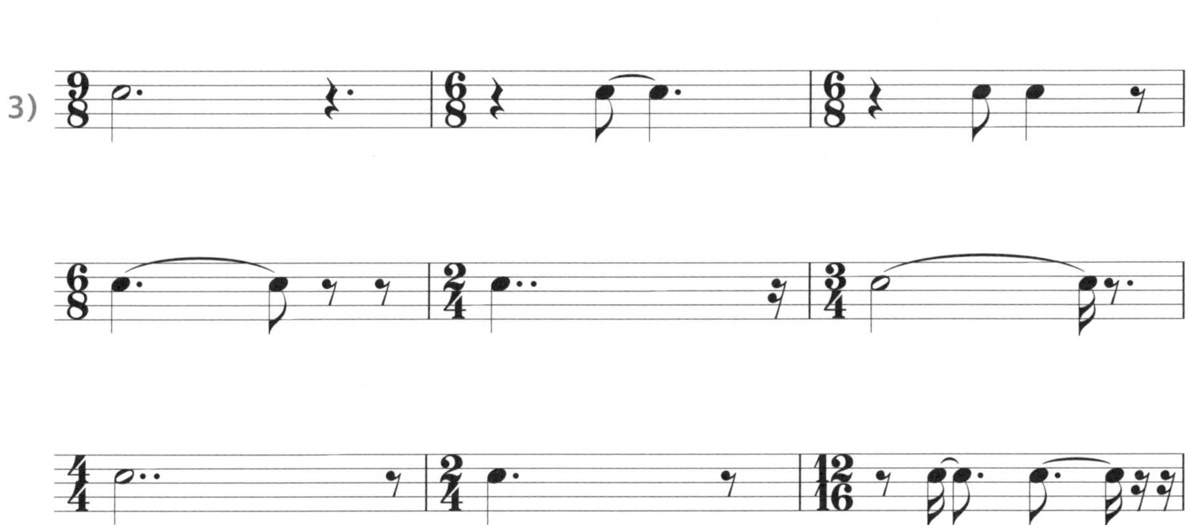

1-1) ***Da Capo*** (다카포)는 다시 맨 처음으로 돌아가라는 뜻입니다.

1-2) ***Dal Segno*** (달세뇨)는 𝄉 (세뇨)로 돌아가라는 뜻입니다.

1-3) 다카포 올 피네는 맨 처음으로 돌아갔다가 *Fine* 에서 곡을 마치라는 뜻입니다.

1-4) 달세뇨 올 피네는 세뇨로 돌아갔다가 *Fine* 에서 곡을 마치라는 뜻입니다.

1-5) 피네는 끝마치라는 뜻입니다.

1-6) 다카포 올 코다는 맨 처음으로 돌아갔다가 두 번째 연주 시 코다 사이를 건너뛰고 연주하라는 뜻입니다.

1-7) 달세뇨 올 코다는 세뇨로 돌아간 후에 두 번째 연주 시 코다 사이를 건너뛰고 연주하라는 뜻입니다.

1-8) ***Coda*** (코다)는 두 번째 연주 시에만 코다 사이를 건너뛰고 연주하라는 뜻입니다.

2-1) 순서 : 1-2-3-2-3-4-5-6-7-5-6-7-8

2-2) 순서 : 1-2-3-4-5-6-7-8-2-3-4-5-6

2-3) 순서 : 1-2-3-4-1-2-5-6-7-8

2-4) 순서 : 1-2-3-4-5-6-7-8-1-2-3-4-5-6

2-5) 순서 : 1-2-3-4-5-6-7-8-2-5-6-7-8

1) Major, minor, sus4, sus2, augmented, diminished

2) Major7, Major6, minor7, minor6, Augmented Major7, Augmentd7, 7sus4, add2, minor7($\flat$5), min(Maj7), diminished7

3-1) $B_+{}^7$

3-2) $G^\sharp Maj$

3-3) C^{-9}

3-4) $Eadd^2$

3-5) $D^{\flat 5}$

3-6) D^7

3-7) $FMaj^7$

3-8) $Gmin$

3-9) $E^{\flat 9}_{6}$

3-10) $B^\flat min(Maj7)$

3-11) $F^{\sharp 7}sus^4$

3-12) $A_7\left(\begin{smallmatrix}\flat 13\\\sharp 9\end{smallmatrix}\right)$

3-13) $D^\flat omit^3$

3-14) $C^{\sharp 7}\left(\begin{smallmatrix}\flat 13\\\flat 9\end{smallmatrix}\right)$

3-15) $A^\flat m^{7(\flat 5)}$

3-16) $A^{\flat 7}(\sharp 11, 13)$

4)

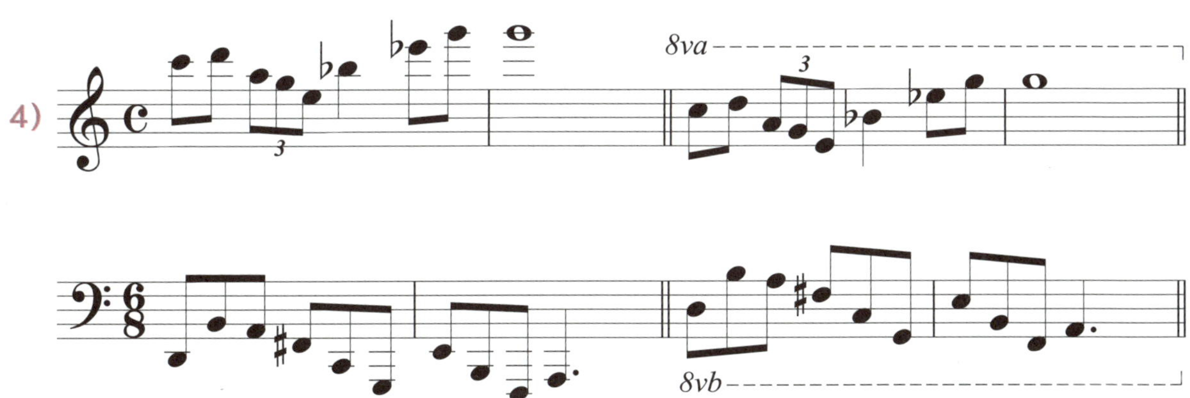

5)

2-1) *p* < *f*

2-2) *p* > *ppp*

2-3) *mf* < *ff*

2-4) *mp* < *f*

2-5) *f* > *mf*

2-6) *mf* > *p*

2-7) *mp* > *pp*

2-8) *fff* > *ff*

2-9) *pp* < *ff*

2-10) *mf* < *f*

2-11) *f* > *ppp*

2-12) *mp* < *mf*

2-13) *ppp* < *pp*

2-14) *ff* > *mp*

2-15) *pp* < *p*

3)

Level	Dynamics	뜻
Lv.1	*ppp*	아주 매우 부드럽게 (약하게, 작게)
Lv.2	*pp*	매우 부드럽게 (약하게, 작게)
Lv.3	*p*	부드럽게 (약하게, 작게)
Lv.4	*mp*	중간 정도로 부드럽게 (약하게, 작게)
Lv.5	*mf*	중간 정도로 크게
Lv.6	*f*	크게
Lv.7	*ff*	매우 크게
Lv.8	*fff*	아주 매우 크게

4-1) crescendo(*cresc.*): 점점 크게

4-2) decrescendo(*decresc.*): 점점 작게

4-3) diminuendo(*dim.*): 점점 작게

4-4) *poco a poco*: 조금씩, 점진적으로

4-5) *molto*: 많이

4-6) *Sempre*: 항상, 일정하게

4-7) *Subito*: 갑자기

2)
TRILL
mp
f
p
mp
f
mf
decresc.
F > MF
mf
port.
decresc.
f > mf
pp
p
MP
F
FF
Fine
pp
p
mp
f
ff

기보법
Music Notation for Beginner

발행일 2025년 8월 5일

저자 황진하
발행인 최우진
편집 왕세은
디자인 김세린

발행처 그래서음악(somusic)
출판등록 2020년 6월 11일 제 2020-000060호
주소 경기도 성남시 분당구 정자일로 177
이메일 book@somusic.co.kr

ISBN 979-11-93978-85-6(03670)